F. FOGLIA - G. LA CARA - F. MARCELLINI - A. PAVENTI - C. PREZIUSO

# Il dolce "Sì"

## CORSO DI ITALIANO PER STRANIERI

### I LIVELLO

## MANUALE PER LO STUDENTE

EDIZIONI GUERRA

© 1997 - Guerra Edizioni - Perugia

Disegni di *Donatella Marri*

ISBN 88-7715-396-2

*Il disegno dell'opera è frutto della collaborazione delle diverse autrici.*
*In particolare ciascuna di loro ha curato le unità nel modo seguente:*

| | |
|---|---|
| FLORIA FOGLIA: | 4 - 6 - 14 |
| GIUSEPPINA LA CARA: | 1 - 7 - 12 |
| FILIPPA MARCELLINI: | 2 - 8 - 9 |
| ANTONIETTA PAVENTI: | 3 - 11- 15 |
| CECILIA PREZIUSO: | 5 - 10 - 13 |

Per la realizzazione del Corso è stato utilizzato materiale linguistico ed iconografico autentico debitamente riadattato.
Si ringraziano pertanto vivamente:
*La Repubblica; Il Messaggero; La Stampa; Qui Touring; Tecnocasa; Porta Portese; Donna Moderna; Gioia; Salera Ed.; Sale e Pepe; Agape; RAITRE; Doxa.*

Gli Autori e l'Editore sono a disposizione degli aventi diritto non potuti rintracciare, nonché per eventuali omissioni delle fonti dei testi e/o delle riproduzioni fotografiche e cartografiche.

**3.   2.   1.**
**1999  98   97**

# Prefazione

*Il dolce "Sì"* nasce dall'esigenza di creare un materiale didattico che fornisca uno strumento efficace e puntuale e un modello di lingua reale atti a soddisfare le necessità comunicative e culturali dello studente straniero.

Il disegno generale del Corso e l'elaborazione dei contenuti si avvalgono delle più recenti ricerche metodologiche e delle personali esperienze didattiche delle autrici nel campo dell'insegnamento dell'italiano come lingua straniera.

Il Corso è indirizzato agli stranieri adulti che, spinti da motivazioni di tipo socio-culturale, da necessità lavorative e da ragioni affettivo-familiari si avvicinino per la prima volta allo studio sistematico della lingua italiana e si prefigge un duplice obiettivo:

1 – sviluppare negli studenti una competenza linguistica di base tale da permettere loro di comunicare efficacemente in una lingua appropriata al contesto d'uso.

2 – accrescere l'interesse degli studenti per gli aspetti socio-culturali di un popolo straniero nel rispetto di valori e civiltà diversi da quelli del Paese di appartenenza.

Alla fine del corso gli studenti saranno in grado di:

– comprendere conversazioni e messaggi di uso comune.
– esprimersi oralmente su argomenti di vita quotidiana.
– capire brevi e facili testi di vario genere.
– saper scrivere messaggi, lettere personali e compilare schede.
– utilizzare un discreto patrimonio lessicale in contesti di situazioni reali.

Essendo il Corso basato su un approccio funzionale cominicativo, la lingua viene presentata nella sua globalità e in contesti significativi. Gli esponenti delle funzioni linguistiche, gli aspetti formali e il lessico sono oggetto di approfondita analisi nelle varie rubriche.

La scelta delle strutture grammaticali risponde a quelle esigenze di gradualità e di frequenza d'uso rilevate dalle autrici durante la loro pratica didattica.

*Il dolce "Sì"* consta di due volumi da usare parallelamente: Il *Manuale per lo studente* e le *Note Grammaticali*, ambedue suddivisi in quindici unità.

Il materiale didattico è stato concepito in modo da poter essere usato a seconda delle esigenze dell'utenza e può essere utilizzato in corsi di lingua di normale durata o in corsi intensivi che prevedano circa cento ore di attività.

I due volumi sono complementari: il primo, infatti, privilegia le funzioni comunicative della lingua e, attraverso varie attività, sviluppa le quattro abilità in modo integrato, mentre il secondo presenta un'analisi formale della lingua, affiancata da numerosi esercizi.

La presenza di rubriche quali l'"**Ampliamento Lessicale**", l'"**Uso della Lingua**", la "**Fonetica**", di materiali autentici visivi e di ascolto favorisce l'approfondimento linguistico.

Alla fine di ogni unità lo studente troverà la rubrica "**Avete imparato a...**" in cui sono riportate le funzioni linguistiche e i modi di dire presentati nell'unità stessa e una "**Scheda Culturale**" che propone alcuni aspetti significativi della realtà italiana e fornisce informazioni vere e proprie riguardanti strutture pubbliche e sociali.

Il Corso prevede inoltre:

— una *Guida per l'insegnante* comprensiva delle trascrizioni dei brani di ascolto e di cinque batterie di test ognuna delle quali ha lo scopo di verificare l'apprendimento di tre unità;
— un set di *audiocassette* contenenti i brani di ascolto e la fonetica.

**Legenda:**

| | | |
|---|---|---|
| P | = | *parlato* |
| S | = | *scritto* |
| L | = | *lettura* |
| A | = | *ascolto* |
| ☛ | = | *attenzione!* |

# Le autrici

La autrici sono docenti che operano in scuole italiane di Istruzione Secondaria nell'ambito dell'insegnamento delle Lingue Straniere.

Hanno partecipato a corsi di perfezionamento metodologico in Italia e all'estero, su selezione del Ministero della Pubblica Istruzione, del British Council e del Centre Culturel Français. Hanno tenuto corsi di aggiornamento per insegnanti, collaborano a progetti di sperimentazione ed operano nel settore Educazione della Commissione Nazionale Italiana per l'UNESCO.

Hanno collaborato alle attività del LEND durante la sua fase iniziale e alle iniziative di ricerca promosse da CIDI, LEND, British Council, Ambasciata Americana, Ambasciata Francese.

Hanno acquisito, inoltre, esperienze specifiche relative alle problematiche dell'insegnamento dell'italiano a stranieri, essendosi concretamente impegnate in corsi ideati da organismi quali il Ministero per gli Affari Esteri, la FAO e l'IRI.

# – PIANO GENERALE –

| UNITÀ | FUNZIONI | AMPLIAMENTO LESSICALE |
|---|---|---|
| **1.**<br><br>UN INCONTRO<br><br>p. 14 | – Salutare ⎰ formale<br>– Congedarsi ⎱ informale<br>– Chiedere/dare informazioni sulla salute<br>– Chiedere/dare informazioni sulla provenienza<br>– Usare titoli di cortesia<br>– Ringraziare | – Il calendario<br>– Le parti del giorno<br>– I 12 mesi dell'anno |
| **2.**<br><br>DURANTE UNA FESTA<br><br>p. 28 | – Presentare/presentarsi<br>– Chiedere/dare informazioni personali<br>– Individuare la posizione di un luogo | – Professioni/mestieri<br>– Paesi<br>– Nazionalità |
| **3.**<br><br>ISCRIZIONE AD UN CORSO DI NUOTO<br><br>p. 40 | – Chiedere/dire il costo di un oggetto<br>– Chiedere/dare informazioni personali<br>– Esprimere sensazioni e bisogni<br>– Esprimere meraviglia e stupore | – I giorni della settimana<br>– Scuola<br>– Sport |
| **4.**<br><br>UNA GITA SCOLASTICA<br><br>p. 56 | – Descrivere una persona (aspetto fisico, carattere, abbigliamento)<br>– Chiedere/dire quando si compie un'azione | – Aspetto fisico<br>– Carattere<br>– Parti del corpo<br>– Abbigliamento<br>– Colori |
| **5.**<br><br>AL SUPERMERCATO<br><br>p. 70 | – Offrirsi di servire qualcuno in un negozio<br>– Chiedere/dare informazioni riguardo a costi e quantità | – Tipi di negozi<br>– Articoli (merce)<br>– Contenitori/quantità |

| USO DELLA LINGUA | GRAMMATICA | FONETICA | SCHEDA CULTURALE |
|---|---|---|---|
| – Saluti<br>– Forme di cortesia<br>– Titoli di cortesia | – Pronomi personali soggetto<br>– Verbo ESSERE. C 'è, ci sono<br>– L'articolo determinativo<br>– Il nome (genere e numero)<br>– Preposizioni DI, PER, A<br>– Numeri cardinali (da 1 a 10) | L'alfabeto | *L'Italia* |
| – Presentazioni<br>– Informazioni personali (nome, nazionalità, lavoro)<br>– Fare fraseologico<br>– Individuazione della posizione di luoghi | – Verbi regolari in -ARE<br>– Verbo FARE<br>– L'articolo indeterminativo<br>– L'aggettivo<br>– Preposizioni IN, A<br>– Preposizione A + articolo | Le vocali | *L'Italia: popolazione e lingua* |
| – Prezzo/costo<br>– Età<br>– Avere fraseologico | – Verbo AVERE<br>– Forma negativa<br>– Agg. possessivi<br>– Quanto<br>– Preposizione DA<br>– Preposizioni DA, DI + articolo<br>– Numeri cardinali (da 11 in poi) | Le consonanti:<br>– **h**<br>– **q**<br>– **p** e **b** precedute da labiale | *Il sistema monetario italiano* |
| – Espressioni riferite a persone (descrizione)<br>– Espressioni di tempo<br>– Data<br>– Modi di dire con i colori<br>– Dare fraseologico | – Preposizioni SU, CON, TRA<br>– Preposizioni IN, SU + articolo<br>Preposizioni + infinito<br>– Aggettivi e pronomi dimostrativi<br>– Espressioni interrogative (Come, Dove,ecc.)<br>– Verbo DARE<br>– Numeri ordinali | Le consonanti:<br>– **c** gutturale e palatale | *La scuola in Italia* |
| – Espressioni riferite ad acquisti<br>– Andare fraseologico | – Verbi regolari in -ERE-IRE<br>– L'articolo partitivo + NE<br>– Verbo ANDARE<br>– Espressioni di luogo | Le consonanti:<br>– **g** gutturale e palatale<br>– gruppi **gl - gn** | *La cucina mediterranea* |

| UNITÀ | FUNZIONI | AMPLIAMENTO LESSICALE |
|---|---|---|
| **6.**<br><br>IN UN NEGOZIO DI ABBIGLIAMENTO<br><br>p. 84 | – Chiedere e dare informazioni in un negozio<br>– Proporre di fare qualcosa<br>– Esprimere volontà<br>– Chiedere e dare il permesso<br>– Offrirsi di fare qualcosa<br>– Indicare possibilità | – Abbigliamento<br>– Reparti grandi magazzini |
| **7.**<br><br>LETTERA AD UNA AMICA<br><br>p. 100 | – Parlare di azioni quotidiane<br>– Chiedere/dire l'ora<br>– Fare commenti sul tempo atmosferico<br>– Esprimere obbligo, consiglio, necessità, ipotesi | – Lavori domestici<br>– L'ora<br>– Le 4 stagioni<br>– Il tempo atmosferico |
| **8.**<br><br>PER STRADA<br><br>p. 114 | – Chiedere/dare indicazioni stradali<br>– Attirare l'attenzione<br>– Chiedere informazioni<br>– Individuare la posizione di luoghi e oggetti | – L'ufficio postale<br>– La strada<br>– Espressioni di luogo |
| **9.**<br><br>AL TELEFONO<br><br>p. 128 | – Proporre, suggerire, consigliare, invitare<br>– Accettare/rifiutare<br>– Fare progetti<br>– Prendere accordi<br>– Telefonare | – Vacanze<br>– Alloggi<br>– Servizi |
| **10.**<br><br>UN'INTERVISTA<br><br>p. 144 | – Chiedere ed esprimere gusti e preferenze sul tempo libero<br>– Richiamare l'attenzione di qualcuno | – Passatempi<br>– Sport |

| USO DELLA LINGUA | GRAMMATICA | FONETICA | SCHEDA CULTURALE |
|---|---|---|---|
| – Potere fraseologico<br>– Volere fraseologico<br>– Espressioni usate nei negozi | – Verbi regolari in -IRE (ISCO)<br>– Pronomi personali diretti<br>– Verbo POTERE<br>– Verbo VOLERE | Le consonanti:<br>– gruppo **sc** gutturale e palatale | *La moda "made in Italy"* |
| – Dovere fraseologico<br>– Filastrocche e proverbi relativi al tempo atmosferico | – Verbi riflessivi<br>– Verbo DOVERE<br>– Avverbi di tempo<br>– Avverbi di negazione | Il raddoppiamento delle consonanti<br>**b - bb**<br>**c - cc** | *Il clima in Italia* |
| – Espressioni relative alle indicazioni stradali<br>– Sapere fraseologico<br>– Espressioni relative alla posizione di un luogo o di un oggetto | – Imperativo (affermativo/negativo)<br>– Verbo SAPERE<br>– Verbo DIRE | Il raddoppiamento delle consonanti<br>**d - dd,**<br>**f - ff,**<br>**g - gg** | *Banca, Sanità, SOS* |
| – Proposte, suggerimenti, consigli, inviti<br>– Accettare/rifiutare<br>– Progetti per il futuro<br>– Espressioni usate per prendere accordi<br>– Espressioni al telefono | – Pronomi personali indiretti<br>– Stare + gerundio<br>– Verbo VENIRE<br>– Verbo USCIRE | Il raddoppiamento delle consonanti<br>**l - ll,**<br>**m - mm,**<br>**n - nn,**<br>**p - pp** | *Gli italiani in vacanza* |
| – Gusti e preferenze<br>– Sentire fraseologico<br>– Espressioni usate per attirare l'attenzione | – Pronomi personali indiretti<br>– Verbi impersonali<br>– Aggettivi/pronomi indefiniti | Il raddoppiamento delle consonanti<br>**r - rr,**<br>**s - ss,**<br>**t - tt,**<br>**v - vv**<br>**z - zz** | *Cosa leggono gli italiani* |

| UNITÀ | FUNZIONI | AMPLIAMENTO LESSICALE |
|---|---|---|
| **11.**<br><br>IN VIAGGIO<br><br>p. 156 | – Chiedere/dare informazioni su:<br>– Mezzi di trasporto<br>– Distanze<br>– Tempi di percorrenza | – Mezzi di trasporto |
| **12.**<br><br>ALLA RICERCA DI UNA CASA<br>p. 170 | – Chiedere/dare informazioni riguardo a una casa<br>– Descrivere una casa<br>– Fare confronti | – Case/appartamenti<br>– Arredamento<br>– Servizi/ elettrodomestici |
| **13.**<br><br>ALLA MENSA<br><br>p. 186 | – Esprimere gusti e preferenze su cibi e bevande | – Per completare un pasto |
| **14.**<br><br>PRANZO IN FAMIGLIA<br><br>p. 198 | – Offrire<br>– Accettare/rifiutare<br>– Complimentarsi | – Parentela<br>– A tavola<br>– Pasti<br>– Al bar |
| **15.**<br><br>UN INDIMENTI-CABILE FINE SETTIMANA<br><br>p. 210 | – Raccontare eventi del passato<br>– Descrivere un luogo e la sua posizione geografica e topografica<br>– Descrivere il tempo atmosferico | – Fenomeni atmosferici |

| USO DELLA LINGUA | GRAMMATICA | FONETICA | SCHEDA CULTURALE |
|---|---|---|---|
| — Espressioni usate nei viaggi (ci vuole, ci vogliono, quanto dista)<br>— Espressioni relative ai mezzi di trasporto | — Il pronome relativo<br>— Verbo SALIRE | Opposizioni fonologiche:<br>**b - p,**<br>**d - t,**<br>**f - v** | *I mezzi di trasporto* |
| — Espressioni usate per chiedere/dare informazioni su case ed appartamenti | — Comparativi e superlativi<br>— Verbo SCEGLIERE | Opposizioni fonologiche:<br>**c - g,**<br>**gli - li,**<br>**sc - cc** | *Il folklore in Italia* |
| — Gusti e preferenze | — Participio passato (verbi regolari)<br>— Avverbi e aggettivi di quantità<br>— Verbo BERE<br>— Verbo RIEMPIRE | Opposizioni fonologiche:<br>**ll - rl,**<br>**mb - mp,**<br>**mbr - mpr,**<br>**mpl - mpr** | *L'artigianato in Italia* |
| — Espressioni usate per:<br>offrire<br>accettare<br>rifiutare<br>— Espressioni usate per fare complimenti | — Passato prossimo (con avere) | Opposizioni fonologiche:<br>**sb - sp,**<br>**sd - st,**<br>**sg - sc,**<br>**sv - sf** | *Gli Italiani a tavola* |
| — Espressioni riferite alla posizione geografica e topografica | — Passato prossimo (con essere)<br>— Congiunzioni | Opposizioni fonologiche:<br>**sr - sl,**<br>**sbr - spr,**<br>**sdr - str,**<br>**sgr - scr** | *Italia: paesaggi e città d'arte* |

*Un incontro*

| | |
|---|---|
| *Sig.ra Bruni:* | Buon giorno, signor Marini! |
| *Sig. Marini:* | Buon giorno signora Bruni, anche lei qui? Come sta? |
| *Sig.ra Bruni:* | Bene, grazie e lei? |
| *Sig. Marini:* | Non c'è male. Le presento la signorina Gardini e il signor Foschi. Sono qui a Napoli per un corso di informatica. |
| *Sig.ra Bruni:* | Piacere, Bruni. |
| *Sig.na Gardini:* | Molto lieta. |
| *Sig. Foschi:* | Piacere. |
| *Sig.ra Bruni:* | Ma voi, di dove siete? |
| *Sig.na Gardini:* | Siamo di Palermo; e lei è napoletana? |
| *Sig.ra Bruni:* | No, sono di Roma, ma sono qui a Napoli per lavoro. Quanto dura il corso? |
| *Sig. Foschi:* | Tre settimane, è un corso difficile! |
| *Sig.ra Bruni:* | Allora buon lavoro! |
| *Sig.na Gardini:* | Grazie, arrivederci. |

# Verifica

*Segnate con una X se le seguenti affermazioni sono vere, false o non date.*

|  | VERO | FALSO | NON DATO |
|---|---|---|---|
| 1) La signora Bruni è di Palermo. | ❏ | ❏ | ❏ |
| 2) La signorina Gardini e il signor Foschi sono a Napoli per turismo. | ❏ | ❏ | ❏ |
| 3) La signora Bruni sta bene. | ❏ | ❏ | ❏ |
| 4) Il corso di informatica è difficile. | ❏ | ❏ | ❏ |
| 5) La signora Bruni è a Napoli per lavoro. | ❏ | ❏ | ❏ |
| 6) Il corso è di quattro settimane. | ❏ | ❏ | ❏ |
| 7) Il signor Marini è di Milano. | ❏ | ❏ | ❏ |

# Ampliamento lessicale

**1**    *Il calendario*    *Anno*    *Mese*    *Settimana*    *Giorno*

MESE

GIORNO

ANNO

SETTIMANA

| | GENNAIO | FEBBRAIO | MARZO | APRILE |
|---|---|---|---|---|
| L | 3 10 17 24 31 | 7 14 21 28 | 7 14 21 28 | 4 11 18 25 |
| M | 4 11 18 25 | 1 8 15 22 | 1 8 15 22 29 | 5 12 19 26 |
| M | 5 12 19 26 | 2 9 16 23 | 2 9 16 23 30 | 6 13 20 27 |
| G | 6 13 20 27 | 3 10 17 24 | 3 10 17 24 31 | 7 14 21 28 |
| V | 7 14 21 28 | 4 11 18 25 | 4 11 18 25 | 1 8 15 22 29 |
| S | 1 8 15 22 29 | 5 12 19 26 | 5 12 19 26 | 2 9 16 23 30 |
| D | 2 9 16 23 30 | 6 13 20 27 | 6 13 20 27 | 3 10 17 24 |

| | MAGGIO | GIUGNO | LUGLIO | AGOSTO |
|---|---|---|---|---|
| L | 2 9 16 23 30 | 6 13 20 27 | 4 11 18 25 | 1 8 15 22 29 |
| M | 3 10 17 24 31 | 7 14 21 28 | 5 12 19 26 | 2 9 16 23 30 |
| M | 4 11 18 25 | 1 8 15 22 29 | 6 13 20 27 | 3 10 17 24 31 |
| G | 5 12 19 26 | 2 9 16 23 30 | 7 14 21 28 | 4 11 18 25 |
| V | 6 13 20 27 | 3 10 17 24 | 1 8 15 22 29 | 5 12 19 26 |
| S | 7 14 21 28 | 4 11 18 25 | 2 9 16 23 30 | 6 13 20 27 |
| D | 1 8 15 22 29 | 5 12 19 26 | 3 10 17 24 31 | 7 14 21 28 |

| | SETTEMBRE | OTTOBRE | NOVEMBRE | DICEMBRE |
|---|---|---|---|---|
| L | 5 12 19 26 | 3 10 17 24 31 | 7 14 21 28 | 5 12 19 26 |
| M | 6 13 20 27 | 4 11 18 25 | 1 8 15 22 29 | 6 13 20 27 |
| M | 7 14 21 28 | 5 12 19 26 | 2 9 16 23 30 | 7 14 21 28 |
| G | 1 8 15 22 29 | 6 13 20 27 | 3 10 17 24 | 1 8 15 22 29 |
| V | 2 9 16 23 30 | 7 14 21 28 | 4 11 18 25 | 2 9 16 23 30 |
| S | 3 10 17 24 | 1 8 15 22 29 | 5 12 19 26 | 3 10 17 24 31 |
| D | 4 11 18 25 | 2 9 16 23 30 | 6 13 20 27 | 4 11 18 25 |

**2** *Le parti del giorno*

mattina

pomeriggio

sera

notte

**3** *I 12 mesi dell'anno*

Gennaio

Febbraio

Marzo

Aprile

Maggio

Giugno

Luglio

Agosto

Settembre

Ottobre

Novembre

Dicembre

1996
GENNAIO

# Uso della lingua

**1** *Saluti*

Per salutare una persona si dice:

| | | |
|---|---|---|
| – Buon giorno! | (di mattina) | |
| – Buona sera! | (di pomeriggio e sera) | → Formale |
| – Buona notte! | (solo quando si va via o si va a letto) | |
| – Arrivederci! | (sempre, quando si va via) | |
| – Ciao! | (sempre, ma solo tra amici) | → Informale |

**2** *Forme di cortesia*

Dopo il saluto, di solito,

si aggiunge:                    ... e si risponde:

| si aggiunge: | | ... e si risponde: | |
|---|---|---|---|
| – Come sta? → | Formale | – Discretamente | Formale |
| | | – Non c'è male | → e |
| – Come va? → | Informale | – Bene, grazie | Informale |

**3** *Titoli di cortesia*

Per rivolgersi ad una persona in modo formale si usa:

– Signore        (per gli uomini)
– Signora       (per le donne)
– Signorina     (per le giovani donne non sposate), oggi è poco
                 usato ed è sostituito da "Signora" per tutte le donne.

Questi titoli possono essere seguiti dal nome o dal cognome della persona. In questo caso "Signore" diventa "Signor".

– Signor Calvesi
– Signora Bianchi
– Signorina Clara

Nella forma scritta si abbrevia in:

– Sig. Calvesi
– Sig.ra Bianchi
– Sig.na Clara

## Fonetica

**L'alfabeto**

*Le 21 lettere dell'alfabeto sono:*

**A B C D E F G H I L M N O P Q R S T U V Z**

*Le vocali sono:*

**a e i o u**

*Le consonanti sono:*

**b c d f g h l m n p q r s t v z**

## Attività comunicative

**1** *Guardate la figura e scrivete il saluto adatto:*

S

*Signor Marini - Signora Bruni*

es. A: Buon giorno, signora Bruni.
   B: Buon giorno, signor Marini.

*Signor Mario - Signora Tassi*

A: ...............................................

B: ...............................................

*Signorina Carla - Signora Mattei*

A: ...............................................

B: ...............................................

*Signora Teresa - Signora Rossi*

A: ...............................................

B: ...............................................

*Alessandra - Valentina*

A: ...............................................

B: ...............................................

**2** Completate i seguenti mini-dialoghi.

S

A: Buona sera, signorina, come sta?

B: Bene, .................... e lei?

A: ..........................


A. Buon giorno, signor Mattei, .............?

B: ........... grazie, .............?

A: ......................


**3** Ora salutate il vostro compagno e il vostro insegnante.

P


**4** Il signor Carusi è di Milano, ma è a Firenze per lavoro. Al bar incontra la signora Ranieri e la saluta. Completate il dialogo.

S

A: Buona sera signora Ranieri?

B: ...................................... Carusi, ........................................?

A: Bene ...............................?

B: Discretamente. ...................................... a Firenze per lavoro?

A. ......................................, per tutto il mese.

B: Allora ci vediamo, ...............................................

**5**    *Formate dei mini-dialoghi.*

P

es.    – Giovanna / Milano / Firenze

A: Di dove è Giovanna, di Milano?
B: No, è di Firenze.

1) Paolo / Roma / Genova.
2) Davide / Napoli / Verona.
3) Marta / Pisa / Palermo.
4) Carla / Firenze / Venezia.
5) Lorenzo / Torino / Cagliari.
6) Renato / Perugia / Siena.

**6**    *Guardate la cartina e formate 6 mini-dialoghi.*

P

es.    A: Dov'è il Colosseo?
B: A Roma.

**7** *Unite le parole della colonna A con quelle della colonna B.*

P

| A | B |
|---|---|
| panettone | Venezia |
| pizza | Roma |
| valle dei templi | Napoli |
| Colosseo | Agrigento |
| gondola | Siena |
| Palio | Torino |
| FIAT | Firenze |
| David | Milano |

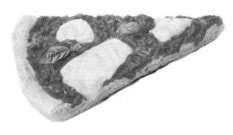

| 8 | *Ascoltate il brano e completate la tabella:* |

A

Sandro / Marta

Gianna

Carlo

Roberta

|  | Gianna | Roberta | Sandro | Marta | Carlo |
|---|---|---|---|---|---|
| Di dove è |  |  |  |  |  |
| Dove è ora |  | *Roma* |  |  |  |

**9** *Leggete i dialoghi e dite a quali figure corrispondono.*

L

| 1 | 2 | 3 |

A – Buon giorno signor Calpini, come sta?
   – Buon giorno signora Mattei, sto bene, grazie e lei?
   – Discretamente.

B – Ciao Roberta, come va?
   – Non c'è male, grazie.
   – Sei qui per il corso di pittura?
   – Sì.
   – Buon lavoro allora!
   – Grazie, arrivederci.

C – Ciao Alessandro, come stai?
   – Bene, e lei signorina Carla?
   – Abbastanza bene, grazie.

**10** *Mettete **il-lo-la-i-gli-le** davanti alle seguenti parole:*

S

...panettoni ...Colosseo ...signore ...giorno

...pizze ...zoccoli ...zucchero ...notte ...anni

## In questa unità avete imparato a:

– Salutare in modo formale quando incontrate qualcuno.    – *Buon giorno / Buona sera.*

– Salutare quando andate via.    – *Arrivederci.*

– Salutare in modo informale.    – *Ciao.*

– Chiedere e dare informazioni sulla salute.    – *Come sta?*    – *Bene, grazie.* – *Non c'è male.*

– Chiedere e dare informazioni sulla provenienza.    – *Di dove è?*    – *Sono di Bari.*

– Usare titoli di cortesia.    – *Signor Foschi / Signora Bianchi.*

– Ringraziare.    – *Grazie.*

*Scheda culturale*

## L'Italia

L'Italia è una penisola che ha la forma di uno stivale.

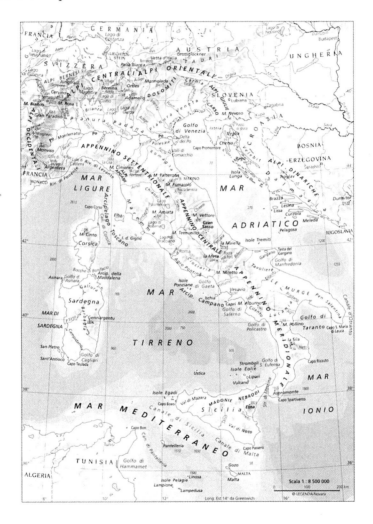

A Nord confina con la Francia, la Svizzera, l'Austria e la Slovenia, mentre a Sud, Est ed Ovest è bagnata dal Mar Mediterraneo.

Ha molti chilometri di costa, con belle spiagge, baie e promontori.

Le isole italiane nel Mar Mediterraneo sono molto numerose, le principali sono la Sicilia e la Sardegna.

Ci sono due catene montuose: le Alpi a Nord e gli Appennini lungo tutto lo stivale.

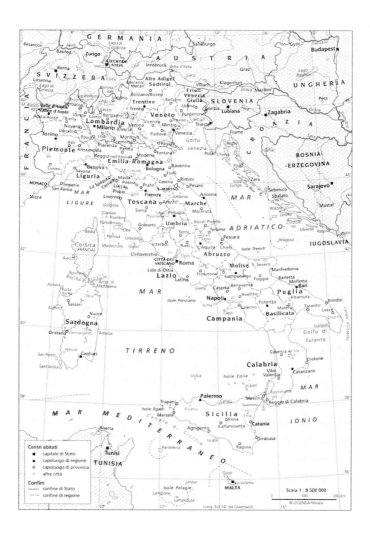

L'Italia è divisa in 20 Regioni; ogni Regione è suddivisa in Province e Comuni.

Dal 2 giugno 1946 l'Italia è una Repubblica con a capo un Presidente.

Il potere legislativo è affidato al Parlamento, costituito dalla Camera dei Deputati e dal Senato; il potere esecutivo è affidato al Governo.

*Durante
una festa*

*Claudio presenta Susan agli amici.*

| | |
|---|---|
| *Claudio:* | Susan, questo è Gianni, un vecchio compagno di scuola, lavora in un negozio in centro, e questi sono Francesca e Stefano, due nuovi amici. Abitano al piano di sopra. |
| *Gianni:* | Ciao! |
| *Francesca:* | Ciao Susan, benvenuta in Italia. |
| *Susan:* | Ciao. |
| *Gianni:* | Sei americana? |
| *Susan:* | No, sono inglese. |
| *Gianni:* | Di dove? |
| *Susan:* | Di Londra. |
| *Francesca:* | Sei in vacanza? |
| *Susan:* | No, sono a Bologna per lavoro. C'è un convegno di medici. |
| *Francesca:* | Che cosa fai? |
| *Susan:* | La giornalista; sono in Italia come corrispondente estera per una serie di interviste. E tu cosa fai? |

| | |
|---|---|
| *Francesca:* | Sono impiegata alle poste. |
| | *(Suona il campanello)* |
| *Claudio:* | Scusate, forse è mio padre. |
| | *(aprendo la porta)* |
| | Ciao papà. Entra, ci sono i miei amici. |
| *Tutti:* | Buonasera, signor Curti. |
| *Sig. Curti:* | Buonasera a tutti. |
| *Claudio:* | Papà, ti presento Susan, un'amica inglese. |
| | Susan, questo è mio padre. |
| *Sig. Curti:* | Molto lieto, signorina. |
| *Susan:* | Molto lieta. |

# Verifica

*Segnate con una X se le seguenti affermazioni sono vere, false o non date.*

| | VERO | FALSO | NON DATO |
|---|:---:|:---:|:---:|
| 1) Gianni lavora in un ufficio. | ❑ | ❑ | ❑ |
| 2) Francesca e Stefano sono amici di Susan. | ❑ | ❑ | ❑ |
| 3) Francesca e Stefano sono di Palermo. | ❑ | ❑ | ❑ |
| 4) Susan è americana. | ❑ | ❑ | ❑ |
| 5) Susan è in Italia per lavoro. | ❑ | ❑ | ❑ |
| 6) Francesca lavora in centro. | ❑ | ❑ | ❑ |
| 7) Il padre di Claudio saluta gli amici. | ❑ | ❑ | ❑ |
| 8) Claudio presenta Susan al padre. | ❑ | ❑ | ❑ |

## Ampliamento lessicale

**1**

*falegname*

*meccanico*

*medico*

*parrucchiere*

*architetto*

*vigile urbano*

*cameriere*

*elettricista*

giornalista      segretario      operaio      impiegato
idraulico        insegnante      commesso     infermiere

**2**

| PAESI | NAZIONALITÀ |
|---|---|
| Giappone | Giapponese |
| Cina | Cinese |
| Francia | Francese |
| Inghilterra | Inglese |
| Brasile | Brasiliano |
| Australia | Australiano |
| Stati Uniti | Americano |
| Egitto | Egiziano |
| India | Indiano |
| Tunisia | Tunisino |
| Filippine | Filippino |
| Algeria | Algerino |
| Marocco | Marocchino |
| Argentina | Argentino |
| Kenia | Keniota |
| Germania | Tedesco |
| Russia | Russo |
| Spagna | Spagnolo |

# Uso della lingua

**1** *Presentazioni*

Le persone si presentano così:

A: Questa è Maria.
B: Ciao, Maria.

informale

A: Ti presento Maria.
B: Ciao, Maria.

A: Sono / Mi chiamo Nicola Savi.
B: Piacere, Gianni Devoto.

formale

A: Le presento il sig. Giusti.
B: Piacere / Molto lieto.

**2** *Informazioni personali*

A – Per chiedere il nome si usano le espressioni:

– Come ti chiami? (inf.)                    (Mi chiamo) Francesco.
– Scusi, come si chiama? (formale)          (Mi chiamo) Stefano Riva.
– Come si chiama la sorella di Andrea?      (Si chiama) Angela.

B – Per chiedere e dire la nazionalità si usano le espressioni:

– Di che nazionalità sei/è?                 (Sono) portoghese.
– Sei/è australiano?                        No, sono americano.

C – Per chiedere e dire la professione si usano le espressioni:

– Che lavoro fai? (inf.)                    Faccio il / sono segretario.
– Che lavoro fa? (form.)                    Faccio il / sono medico.

☞ Il verbo **fare** è molto usato in italiano perché esprime una varietà di azioni.

- fare una passeggiata
- fare la doccia
- fare la spesa
- fare colazione
- fare un esercizio
- fare un dolce
- fare un errore
- fare una fotografia

**3** *Individuazione della posizione di luoghi.*

Per chiedere dove si trova un luogo si usa:

A: Dove è Parigi?
B: In Francia.

# Fonetica

## Le vocali

Le vocali `e` e `o` possono essere lette con suono chiuso (se l'accento è acuto ´) o con suono aperto (se l'accento è grave `). In genere gli accenti sulla parola non ci sono e una corretta pronuncia è possibile solo con l'uso.

| `è` | `é` | `ò` | `ó` |
|-----|-----|-----|-----|
| erba | cortese | corpo | ombra |
| cappello | brevetto | quota | goloso |
| febbre | antenna | porta | lavoratore |
| castello | biglietto | gotico | programma |
| metodo | maestro | roccia | ragione |

Alcune parole, scritte nello stesso modo (omonimi), cambiano significato se sono pronunciate con accento grave o acuto.

| `è` | `é` |
|-----|-----|
| accetta (da accettare) | accetta (scure) |
| affetto (sentimento) | affetto (taglio a fette) |
| collega (compagno) | collega (da collegare) |
| pesca (frutto) | pesca (da pescare) |
| venti (aria in movimento) | venti (numero) |
| legge (da leggere) | legge (regolamento) |

| `ò` | `ó` |
|-----|-----|
| botte (percosse) | botte (recipiente per il vino) |
| colta (da cogliere) | colta (persona istruita) |
| conservatori (luoghi dove si insegna la musica) | conservatori (persone contrarie ai cambiamenti) |
| volto (da volgere) | volto (viso) |
| volgo (da volgere) | volgo (popolo) |

## Attività comunicative

**1**    *Formate mini-dialoghi. Scegliete la forma di presentazione appropria-*
*ta.*

P

es.: *Marta / Giorgio / Carla*

*Marta:* Giorgio, questa è Carla.
*Giorgio:*  Ciao, Carla.
*Carla:* Ciao, Giorgio.

es.: *Marta / sig. Bruni / Giorgio*

*Marta:* Sig. Bruni, le presento Giorgio.
*Sig. Bruni:* Piacere.
*Giorgio:* Molto lieto.

1) *Sig. Martini / sig.ra Rosi / Franca.*
2) *Susan / Maria / Paolo.*
3) *Mario / Mauro / sig.ra Gianna.*
4) *Fabiana / Luca / Giulio.*
5) *Sig.ra Lucia / direttore / dott.ssa Botta.*

**2**    *Formate  mini-dialoghi (informale).*

P

es.: *abitare / Roma*

A: Dove abiti?
B: A Roma.

1) *mangiare / mensa*
2) *lavorare / Napoli*
3) *studiare / casa*
4) *suonare / Milano*
5) *arrivare / Palermo*

**3**  *Formate mini-dialoghi (formale).*

P

es.: *abitare / sig.ra Rossi / Roma?*

A: Dove abita, sig.ra Rossi?
B: Abito a Roma

1) *mangiare / sig. Bruni / mensa*
2) *lavorare / sig.na Conti / Napoli*
3) *studiare / sig.na Alda /casa*
4) *suonare / sig.ra Bini / Milano*
5) *arrivare / signore / Palermo*

**4**  *Guardate la cartina. Formate 6 mini-dialoghi.*

P

es.: A: Sei americano?
　　B: Sì.
　　A: Di dove?
　　B: Di New York.

　　A. Sei americano?
　　B: No, sono inglese.
　　A: Di dove?
　　B: Di Londra.

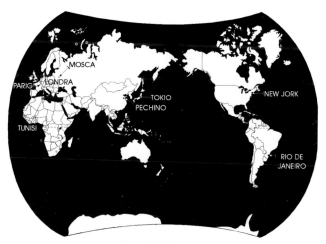

**5**  *Guardate la tabella e formate mini-dialoghi.*

P

| | |
|---|---|
| americano | sig. Smith |
| giapponese | sig.ra Luan |
| cinese | sig. Chen |
| francese | sig.na Dupin |
| spagnolo | sig. Alvarez |
| russo | sig. Popov |
| inglese | sig. Brown |

es.: A: Lei è americano,
　　　　sig. Brown?
　　B: No, sono inglese.
　　A: Di dove?
　　B: Di Londra.

　　A: Lei è americano,
　　　　sig. Smith?
　　B: Sì.
　　A: Di dove?
　　B: Di New York.

**6**  *Guardate i disegni. Formate mini-dialoghi.*

P

*Lucio Terrani*
*Ospedale*

*Tommaso Franchi*
*Officina*

*Simone Volpe*
*Ufficio*

*Silvana Cerri*
*Scuola*

*Federico Paoli*
*Ristorante*

*Maria Guidi*
*Negozio*

*Giuseppe Belli*
*Fabbrica*

*Carlo Marini*
*Strada*

es.: A: Cosa fai Lucio?
B: Faccio il medico.
A: Dove lavori?
B: In ospedale.         .

A: Cosa fa sig. Terrani?
B: Sono medico.
A: Dove lavora?
B: In ospedale.

**7**  *Usate la seguente tabella. Formate mini-dialoghi.*

P

es.: A:  Dove è Milano?
B:  In Italia

| | |
|---|---|
| Milano | Stati Uniti |
| Manchester | Russia |
| Washington | Brasile |
| Mosca | Italia |
| San Paolo | Giappone |
| Berlino | Kenia |
| Tokyo | Filippine |
| Nairobi | Inghilterra |
| Manila | Germania |

**8**     *Completate il seguente dialogo.*

S

*Massimo e Susan incontrano Giovanna.*

| | |
|---|---|
| *Massimo:* | Oh, ....... Giovanna, ...... stai? |
| *Giovanna:* | Bene ...... e tu? |
| *Massimo:* | Non c'è male. ....... è Susan. |
| *Susan:* | Ciao. |
| *Giovanna:* | Ciao, Susan ..... americana? |
| *Susan:* | No, ...... inglese. |
| *Giovanna:* | Di ......? |
| *Susan:* | ........ Londra. |
| *Massimo:* | Sei anche ....... da Claudio stasera? |
| *Giovanna:* | ... |
| *Massimo:* | Allora a stasera. |
| *Giovanna:* | Ciao, ciao. |
| *Susan:* | ... |

**9**     *Lucia scrive una lettera ad una nuova amica. Leggetela e rispondete alle domande.*

L

---

*Cara Tessy,*

       *sono Lucia Rosi. Abito a Sorrento, una città sulla costa vicino a Napoli, nell'Italia meridionale.*

    *Frequento la scuola superiore, il quarto anno del liceo scientifico, ma, come molti ragazzi, non studio molto. Vivo con la mia famiglia, mio padre, mia madre e mia nonna. Mio padre fa il vigile urbano e mia madre è infermiera. Sono appassionata di musica; il mio cantante italiano preferito è Lucio Dalla. Ho tutti i suoi dischi!*

    *Amo molto lo sport e faccio spesso passeggiate in campagna. Ti mando una mia fotografia.*

    *Spero di ricevere presto una tua lettera.*

       *Ciao,*

                        *Lucia*

---

1) Dove abita Lucia?
2) Che scuola frequenta?
3) Dove è Napoli?
4) Cosa fa il padre di Lucia?
5) E cosa fa la madre?
6) Chi è Lucio Dalla?

**10**     *Ascoltate il dialogo e completate la tabella.*

A

|  | John | Mickito | Claudine | Giulio |
|---|---|---|---|---|
| nazionalità |  |  |  | *italiano* |
| professione |  |  |  | *fotografo* |

## In questa unità avete imparato a:

— Presentare qualcuno/ essere
   presentati a qualcuno.

                — *Questa è Susan /*
                  *Ti / le presento...*
                — *Molto lieto / lieta*

— Chiedere e dire il nome.

                — *Come ti chiami / si chiama?*
                — *Mi chiamo... / Sono ...*

— Chiedere e dare informazioni
   sulla nazionalità.

                — *Di dove sei / è?*
                — *Sei / è americana?*
                — *Sono inglese*

— Chiedere e dare informazioni
   su lavoro/professione.

                — *Cosa fai / fa?*
                — *(Faccio) la giornalista /*
                *sono impiegata*

— Individuare la posizione
   di un luogo.

                — *Dove è Napoli?*
                — *(E') in Italia*

## *Scheda culturale*

## L'Italia: popolazione e lingua

L'Italia ha una popolazione di 57 milioni di abitanti.

Oggi il numero delle nascite e il numero dei morti è sostanzialmente uguale nel Paese.

La popolazione non è distribuita in modo uniforme sul territorio; ci sono infatti aree densamente popolate, come le province di Roma, Napoli, Milano, Varese e Genova, ed aree con un minor numero di abitanti, come quelle di Grosseto, Aosta e Nuoro.

La lingua nazionale è l'Italiano, ma esistono varietà linguistiche parlate nelle diverse regioni chiamate dialetti.

Le minoranze etniche e linguistiche sono poco numerose.

Ricordiamo gli Alto-Atesini (o Sud-Tirolesi) nella provincia di Bolzano (questi parlano il tedesco); i Ladini nel Trentino-Alto Adige e nel Friuli-Venezia Giulia; gli Sloveni nelle province di Gorizia e Trieste; i Franco-Provenzali in Val d'Aosta. Nel Sud troviamo gruppi di lingua greca e di albanese e in Sardegna il gruppo linguistico dei Sardi.

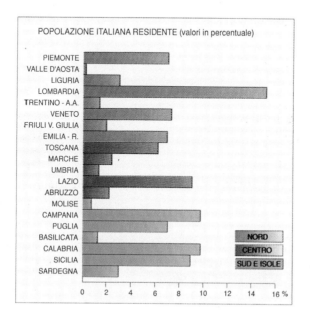

*Iscrizione ad un corso di nuoto*

*La signora Massa vuole iscrivere il figlio ad un corso di nuoto.*

| | |
|---|---|
| *Sig.ra Massa:* | Buon giorno. |
| *Segretaria:* | Buon giorno, signora. |
| *Sig.ra Massa:* | Desidero iscrivere mio figlio ad un corso di nuoto per principianti. |
| *Segretaria:* | Quanti anni ha il bambino? |
| *Sig.ra Massa:* | Ha otto anni. |
| *Segretaria:* | Bene. Abbiamo due corsi per principianti, uno alle 16 e uno alle 18; tre volte alla settimana: lunedì, mercoledì e venerdì. |
| *Sig.ra Massa:* | Alle sei è tardi. Ci sono ancora posti disponibili alle quattro? |
| *Segretaria:* | Sì, c'è ancora un posto. |
| *Sig.ra Massa:* | E quanto costa il corso? |
| *Segretaria:* | 70.000 lire al mese e dura sei mesi. |
| *Sig.ra Massa:* | Va bene, d'accordo. |
| *Segretaria:* | Allora ho bisogno di alcune informazioni. |

|  | (Rivolta al ragazzo) Come ti chiami? |
|---|---|
| *Carlo:* | Carlo Massa. |
| *Segretaria:* | Età: otto anni, vero? |
| *Carlo:* | Sì, esatto. |
| *Segretaria:* | Il tuo indirizzo? |
| *Carlo:* | Via Appia 62. |
| *Segretaria:* | Telefono? |
| *Carlo:* | 7844538 |
| *Segretaria:* | Signora, la sua firma qui in fondo alla scheda, per favore. |
| *Sig. Massa:* | Ci sono anche corsi per adulti? |
| *Segretaria:* | Sì, ecco il nostro opuscolo con tutte le informazioni. |
| *Sig.ra Massa:* | Grazie, allora a lunedì prossimo. Arrivederci. |
| *Segretaria:* | Arrivederci, Signora. |

# Verifica

*Rispondete alle seguenti domande:*

1) Cosa desidera la Signora Massa?
2) Quanto dura il corso per principianti?
3) Quanto costa il corso?
4) Chi ha bisogno di informazioni?
5) Quanti anni ha il bambino?
6) Dove abita?
7) Qual è il suo numero di telefono?
8) Quando inizia il corso Carlo?

## Ampliamento lessicale

**1** *I giorni della settimana*

LUNEDÌ
MARTEDÌ
MERCOLEDÌ
GIOVEDÌ
VENERDÌ
SABATO
DOMENICA

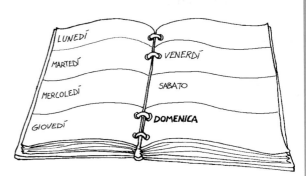

- Lunedì, martedì, mercoledì, giovedì, venerdì, sabato sono giorni feriali.
- Il sabato e la domenica sono indicati come: fine settimana.
- La domenica è giorno festivo.

**2** *Scuola*

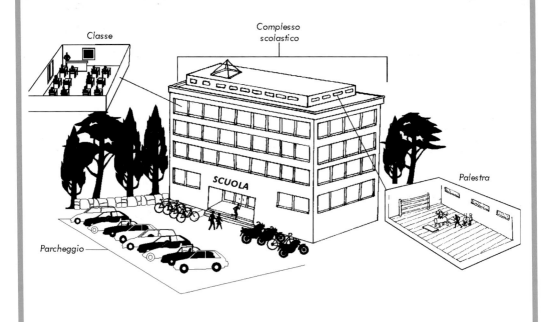

Classe

Complesso scolastico

Palestra

SCUOLA

Parcheggio

**3** *Sport*

## Programma delle attività sportive della settimana

| ora | Lunedì | Martedì | Mercoledì | Giovedì | Venerdì | Sabato | Domenica |
|-----|--------|---------|-----------|---------|---------|--------|----------|
| 9/10 | | | | | Pallavolo | | Tennis |
| 10/11 | | | Pallacanestro | | | | Calcio |
| 11/12 | | Aerobica | | Ginnastica artistica | | Aerobica | |
| 15/16 | | | Pallavolo | | | | |
| 16/17 | Ginnastica artistica | | | Nuoto | Pallacanestro | | |
| 17/18 | | | | Nuoto | | | |

## Uso della lingua

**1** *Per chiedere il prezzo di qualcosa si dice:*

Quanto costa? / costano?

A: Quanto costa questo libro?
B: 16.000 lire.

A: Quanto costano i pantaloni in vetrina?
B: Costano 90.000 lire / 90.000 lire.

*Al momento di pagare, per sapere il prezzo totale, si chiede:*

A: Quant'è? Quant'è tutto?
B: 25.000 / Sono 50.000 / In tutto fa 120.000

*Notate anche i seguenti modi di dire:*

E' un affare.
E' conveniente.
Costa poco.
Costa molto.
E' caro.
Costa un occhio della testa.

**2** *Per chiedere l'età si usano le seguenti espressioni:*

Quanti anni hai? (informale)
Quanti anni ha? (formale)

A: Quanti anni hai, Carlo?
B: Ho vent'anni / vent'anni.

☞  – minorenne:   ha meno di 18 anni
– maggiorenne: ha più di 18 anni

– Marco è maggiorenne.
– Lidia è minorenne.

**3** *Il verbo AVERE esprime anche particolari condizioni e stati della persona:*

| | | | | |
|---|---|---|---|---|
| – Avere | fame | | – Avere | fretta |
| – " | sete | | – " | la febbre |
| – " | freddo | | – " | il raffreddore |
| – " | caldo | | – " | voglia di |
| – " | sonno | | – " | bisogno di |
| – " | paura | | | |

# Fonetica

## Le consonanti

La lettera $\boxed{h}$ non ha alcun suono. E' usata:

1 – nelle voci del verbo 'avere': ho, hai, ha, hanno

2 – in diverse esclamazioni: oh! ah! ahi! ahimé! mah!

3 – per indicare il suono gutturale di $\boxed{c}$ e $\boxed{g}$ davanti a $\boxed{i}$ ed $\boxed{e}$

*es.*: architetto, panchina, ghetto

La lettera $\boxed{q}$ è sempre seguita da $\boxed{u + vocale}$ (qua, que, qui, quo)

|  |  |  |
|---|---|---|
| es.: quadro | quando | qualche |
| queste | quello | questura |
| quindici | quindi | inquinamento |
| quota | quotidiano | aliquota |

Le consonanti $\boxed{p}$ e $\boxed{b}$ sono sempre precedute dalla lettera $\boxed{m}$

|  |  |
|---|---|
| es.: stampa | bomba |
| imparare | gamba |
| campo | bambino |
| comporre | bambola |
| tempio | cambio |
| imprudente | combattere |

## Attività comunicative

**1**  *Immaginate di iscrivervi al corso di pallavolo. Compilate la scheda con i vostri dati scambiandovi le informazioni necessarie.*

S

es.: A:  Come ti chiami?

   B: ..................

|  | TU | IL TUO COMPAGNO |
|---|---|---|
| Nome e cognome | .......................... | .......................... |
| Età | .......................... | .......................... |
| Indirizzo | .......................... | .......................... |
| Telefono | .......................... | .......................... |
| Corso di | .......................... | .......................... |
| Livello | .......................... | .......................... |
| Orario | .......................... | .......................... |
| Giorni | .......................... | .......................... |
| Inizio | .......................... | .......................... |
| Durata | .......................... | .......................... |
| Costo | .......................... | .......................... |

**2**  *Formate 6 mini-dialoghi.*

P

es.: A: Marco
   B: 18 - Commesso

   A: Quanti anni ha Marco?
   B: 18
   A: Cosa fa?
   B: Il commesso

1. A: Francesca
   B: 20 - infermiera
2. A: Tua madre
   B: 40 - casalinga
3. A: Tu
   B: 30 - impiegato
4. A: Sig. Conti
   B: 52 - meccanico
5. A: Tuo fratello
   B: 35 - fotografo
6. A: Silvio
   B: 28 - autista

**3**    *Formate 6 mini-dialoghi.*

P

es.: Luca/penna/matita

     A: Luca, hai una penna?
     B: No, ho una matita.

1) Antonio/fratello/sorella.
2) Franco e Giulio/automobile/motocicletta.
3) Sig. Curti/agenda/calendario.
4) Ragazzi/libro di storia/libro di geografia.
5) Signora/disco/cassetta.
6) Lara/foglio/quaderno.

**4**    *Guardate le figure e formate 6 mini-dialoghi.*

P

es.: penna/L. 3.000

     A: Quanto costa la penna?
     B: 3.000 lire.

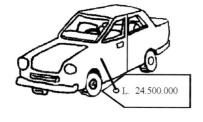

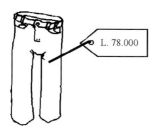

| 5 | *Formate 8 mini-dialoghi.* |

P

es.: Susanna/studiare/medicina/matematica

A: Susanna studia medicina?
B: No, non studia medicina, ma matematica.

1) Giovanna e Ugo/portare/fiori/vino.
2) Carlo/parlare/italiano/spagnolo.
3) Silvio/fare/meccanico/sarto.
4) Pino e Giorgio/giocare/calcio/pallavolo.
5) Tu/amare/sport/musica.
6) Dino/copiare/esercizio/lettera.
7) Voi/suonare/violino/piano.
8) Marco/riparare/bicicletta/motorino.

| 6 | **A** - *Ascoltate la presentazione e completate la tabella* |

A

|  | Io | Padre | Madre | Fratello | Sorella |
|---|---|---|---|---|---|
| nome | *Gianluca* |  |  |  |  |
| età | *10* |  |  |  |  |
| lavoro |  |  |  |  |  |
| scuola | *elementare* |  |  |  |  |

**B** - *Guardate la tabella e completate le presentazioni.*

– Io mi chiamo Elena Prandi e sono la madre di Gianluca.
– Io sono Luigi Prandi ............................................
– Mi chiamo Franco Prandi ............................................
– Sono Paola Prandi ............................................

| 7 | *Utilizzate le informazioni delle schede. Formate brevi dialoghi.* |

P

```
CORSO DI        AEROBICA
LIVELLO         INTERMEDIO
ORARIO          15-16
GIORNI          MARTEDÌ -
                GIOVEDÌ
INIZIO          15 SETTEMBRE
DURATA          3 MESI
COSTO MENSILE   60.000
```

es.: A: A che ora è il corso in-
        termedio di aerobica?
     B: Dalle 15 alle 18.
     A: In che giorni?
     B: Il martedì e il giovedì.
     A: Quando inizia il corso?
     B: Il 15 settembre.
     A: E quanto dura?
     B: Tre mesi.
     A: Quanto costa?
     B: 60.000 al mese.

```
CORSO DI        GINNASTICA
LIVELLO         AVANZATO
ORARIO          18/20
GIORNI          LUNEDÌ - VENERDÌ
INIZIO          1 OTTOBRE
DURATA          3 MESI
COSTO MENSILE   85.000
```

```
CORSO DI        DANZA MODERNA
LIVELLO         PRINCIPIANTI
ORARIO          19/21
GIORNI          MARTEDÌ - GIOVEDÌ
INIZIO          10 SETTEMBRE
DURATA          6 MESI
COSTO MENSILE   65.000
```

**8**     *Completate il seguente dialogo.*

S

| | |
|---|---|
| Segretaria: | ...................................... |
| Sig. Palombi: | Palombi, Luca Palombi. |
| Segretaria: | ...................................... |
| Sig. Palombi: | Ho trentacinque anni. |
| Segretaria: | ...................................... |
| Sig. Palombi: | Modena, Via Carlo Porta, 50. |
| Segretaria: | ...................................... |
| Sig. Palombi: | 242841. |
| Segretaria: | ...................................... |
| Sig. Palombi: | Sono impiegato. ..............? |
| Segretaria: | Il corso inizia lunedì prossimo alle 17. |
| Sig. Palombi: | Grazie, arrivederci. |
| Segretaria: | ...................................... |

**9**     *Leggete il testo attentamente e completate le frasi in modo logico.*

L

> Luisa e Clara sono due sorelle. Luisa abita in un appartamento della periferia di Genova e studia Lettere moderne all'università. Frequenta i corsi tutti i giorni e spesso partecipa ai seminari settimanali organizzati da studenti e professori. Luisa torna a casa per il fine settimana. Clara è ancora minorenne e abita con la famiglia a Pegli. Frequenta il terzo anno dell'istituto per il turismo. Ama molto la musica classica e dal mese di novembre va a lezione di pianoforte due volte alla settimana, dalle 4 alle 6 di pomeriggio.
>
> Passa il tempo libero a fare esercizi musicali a casa e qualche volta va ai concerti insieme ai genitori.

1) Luisa e Clara sono sorelle ma ......................................

2) Clara non ha ancora 18 anni e ......................................

3) Luisa non abita a Pegli perché ......................................

4) Il sabato e la domenica Luisa ......................................

5) Studenti e professori organizzano ......................................

6) Clara va a lezione per imparare a ......................................

7) Quando è libera Clara     ......................................

8) Clara e i suoi genitori amano ......................................

| **10** | *Leggete la scheda e scrivete una presentazione.* |

S

---

### Associazione culturale "Impariamo Insieme"

| COGNOME | Palombi |
|---|---|
| NOME | Luca |
| ETA' | 35 anni |
| INDIRIZZO | Via Carlo Porta 50 Modena |
| TELEFONO | 242841 |
| LAVORO | impiegato di banca |
| CORSO DI | disegno |
| GIORNI | lunedì-mercoledì-venerdì |
| ORARIO | 17-19 |

---

es.: Il signor Luca Palombi ha 35 anni ed abita a Modena in via Carlo Porta, 50; è impiegato in una banca e di pomeriggio frequenta un corso di disegno, il lunedì, il mercoledì e il venerdì, dalle 17 alle 19.

---

### Associazione musicale "G. Verdi"

| COGNOME | Barbieri |
|---|---|
| NOME | Giorgio |
| ETA' | 40 anni |
| INDIRIZZO | Via Belli 34, Linate (MI) |
| TELEFONO | 5831645 |
| LAVORO | meccanico |
| CORSO DI | chitarra |
| GIORNI | lunedì - giovedì |
| ORARIO | 20-22 |

---

**11** *Unite i numeri da 1 a 50 e scrivete il nome del personaggio raffigu-rato:*

S

Il personaggio è ...........................

## In questa unità avete imparato a:

– Chiedere e dire il costo
  di un oggetto.

– *Quanto costa questo libro?*
– *(costa) L. 16.000.*

– Chiedere e dare informazioni
  personali su: età, indirizzo,
  numero di telefono, ecc.

– *Quanti anni ha?*
– *(Ho) 32 anni .*

– *Dove abita?*
– *In Via Po 25.*

– *Qual è il suo numero di telefono?*
– *7690207.*

– Esprimere sensazioni e bisogni.

– *Mirella ha sete.*
– *Caterina ha paura del buio.*
– *Abbiamo bisogno di tempo.*

– Esprimere meraviglia, stupore.

– *Quanto è bello! E' fantastico!*

## *Scheda culturale*

### Il sistema monetario italiano

Il sistema monetario italiano è decimale.

Esistono in circolazione monete e banconote; le monete più diffuse sono attualmente da L. 50, 100 e 500. Le monete da L. 5, 10, 20, ancora ufficialmente in uso, sono in realtà rare da trovare.

Le banconote sono, invece, da L. 1.000, 2.000, 5.000, 10.000, 50.000, 100.000.

Gli stranieri in Italia possono cambiare denaro, assegni in valuta o banconote, nelle agenzie di cambio autorizzate o nelle banche, dove possono aprire conti correnti nominali.

Gli stranieri, inoltre, possono trasferire in Italia banconote e assegni in valuta estera senza alcuna limitazione.

E' sempre più frequente l'uso di carte di credito (Visa - Carta SI - American Card ecc.) e di assegni per fare acquisti.

**CASSA** DI **RISPARMIO** DI **PERUGIA** S.p.A.
AGENZIA DI CITTÀ N. 5 (Sportello Mercato Ortofrutticolo)

lì,                              Lire

A vista pagate per questo assegno bancario

Lire

6235.6
03106.2                          a

N. 0045613879-12

N. C/C    **4177/72**

Zona riservata alla clausola NON TRASFERIBILE

⑉0045613879⑉ 623503106⑉

## Una gita scolastica

Oggi, 28 aprile, Marco fa una gita scolastica a Ravenna con i suoi compagni di classe. Nel pullman sono tutti pronti per la partenza.

Davanti, in prima fila, ci sono Elena e Francesco. Elena ha i capelli lunghi, lisci e biondi e gli occhi azzurri, indossa un maglione viola e pantaloni grigi. Francesco, invece, è bruno, con gli occhi neri ed ha una una felpa gialla. A fianco ci sono Antonella e Tiziana due gemelle di diciassette anni, con capelli castani ed occhi verdi, hanno la tuta blu e scarpe da ginnastica. Dietro, nella seconda fila, vicino al finestrino, c'è Dino, un ragazzo piccolo e magro dai capelli neri e ricci con una camicia a righe bianche e celesti.

Vicino a Dino c'è il professore di ginnastica, un uomo giovane, alto, robusto e completamente calvo, in giacca e cravatta. Giovanni, sul sedile di sinistra, è un ragazzo di sedici anni, basso e piuttosto grasso. In terza fila ci sono due bidelli. Sui sedili in fondo tra due alunni, c'è l'insegnante di storia dell'arte, una signora sulla cinquantina, con i capelli rossi e le lentiggini, porta un cappotto verde e i mocassini marroni. Il capogruppo dà il via e la gita comincia.

*Al ritorno Marco mostra al padre le diapositive della gita.*

*Marco:* Qui siamo davanti al Mausoleo di Galla Placidia. Questa ragazza con i capelli lunghi è Elena, e quella bruna è Antonella.

E qui Francesco dà un'indicazione a Tiziana.

*Padre:* E lì, dove siete?
*Marco:* Questa è la Basilica di S. Apollinare in Classe e questi splendidi mosaici sono nella Basilica di S. Vitale.

*Padre:* Complimenti Marco, queste diapositive sono veramente belle.

# Verifica

*Segnate con una X le risposte giuste.*

1)  Alla fine di aprile mancano:

    due giorni
    tre giorni
    cinque giorni

2)  Dino è:

    nell'ultima fila
    in prima fila
    dietro la prima fila

3)  Elena è vicino:

    a Dino
    a Francesco
    all'insegnante di storia dell'arte

4)  Francesco indossa:

    una felpa gialla
    un maglione rosa
    pantaloni grigi

5)  I bidelli sono:

    davanti alle gemelle
    vicino a Giovanni
    dietro al professore di
        ginnastica

6)  Antonella è:

    bruna
    bionda
    castana

7)  I mosaici sono:

    nel Mausoleo
    a S. Vitale
    a S. Apollinare

# Ampliamento lessicale

**1** *Aspetto fisico:*

*alto/a/i/e, basso/a/i/e, magro/a/i/e, grasso/a/i/e, slanciato/a/i/e, giovane/i, anziano/a/i/e, biondo/a/i/e, bruno/a/i/e, castano/a/i/e, carino/a/i/e, brutto/a/i/e, elegante/i.*

**2** *Carattere:*

*simpatico/a/i/e, antipatico/a/i/e, socievole/i, timido/a/e/i/, allegro/a/e/i, triste/i/, tranquillo/a/i/e, dinamico/a/i/e.*

**3** *Parti del corpo:*

*testa, collo, spalle, capelli (lisci, ricci, lunghi, corti), petto, braccia, schiena, braccia, mani, dita, pancia, gambe, piedi, viso, fronte, occhi, sopracciglia, ciglia, naso, bocca, mento, orecchie, barba, baffi.*

**4** *Abbigliamento:*

*pantaloni, gonna, maglione, felpa, camicia, giacca, vestito, cappotto, scarpe, occhiali, sciarpa*

**5** *Colori:*

*bianco, nero, rosso, verde, giallo, blu, azzurro, viola, marrone, arancione, grigio.*

# Uso della lingua

**1**  *Descrizione di una persona.*

Per descrivere una persona si possono usare le seguenti frasi:

– quella ragazza **ha** i capelli biondi.
– una ragazza **con** i capelli biondi.
– quella ragazza **dai** capelli biondi.

| | |
|---|---|
| – **ha** una felpa gialla | – è alto/a |
| – **porta** una felpa gialla | – è robusto/a |
| – **indossa** una felpa gialla | – è simpatico/a |
| – **con** la felpa gialla | – è allegro/a |

**2**  *Espressioni di tempo*

– alle 5
– martedì
– la settimana prossima
– a gennaio o nel mese di gennaio
– il 10 giugno
– a mezzogiorno / a mezzanotte
– nel 2000
– in inverno o d'inverno
– in estate o d'estate
– in autunno
– in primavera

**3**  *La data*

Nella data, in una lettera, si indicano il nome del luogo, il numero cardinale corrispondente al giorno, il mese e l'anno.

es.: Ferrara, 13 settembre 1996

Il nome del mese può essere sostituito dal numero del mese corrispondente.

es.: Venezia, 27 novembre 1996 = Venezia, 27/11/'96

Il primo giorno del mese, si legge "primo" e non "uno"

es.: 1/2/'96 si legge: primo febbraio '96.

**4**    *Modi di dire con i colori.*

- Mettere nero su bianco.
- Libro/film giallo.
- Diventare rosso.
- Essere al rosso.
- Essere al verde.
- Diventare bianca (sbiancare).
- Mangiare in bianco.
- Firmare in bianco.
- Dare carta bianca.
- Passare la notte in bianco.
- Vita grigia.
- Sangue blu.
- Cronaca rosa.
- Cronaca nera.

– Sono aggettivi indeclinabili i nomi, usati come aggettivi che indicano colore: arancione, marrone, rosa, viola ecc.

es.: abito viola        maglia rosa
      maglioni viola      scarpe rosa

**5**    *Il verbo DARE è molto usato perché esprime una serie di significati diversi.*

| | | |
|---|---|---|
| dare ascolto | dare retta | dare il via |
| dare ragione/torto | dare il buon giorno | dare la buona notte |
| dare il benvenuto | dare incarico | dare la mancia |
| dare la sveglia | dare fastidio | dare lo sfratto |
| dare la mano | dare una mano | dare alla testa |
| dare un ceffone | dare un giudizio | dare una buca |
| dare nell'occhio | dare origine | darsi da fare |

# Fonetica

## Le consonanti

La lettera | c + a
          o
          u
          h
          consonante | è rappresentata dal suono gutturale [k]

| | | | |
|---|---|---|---|
| casa | cara | camera | cameriere |
| come | coda | contare | consumo |
| cuore | cugino | cultura | cuoio |
| chimica | chiesa | chiedere | coperchio |
| clima | clinica | pacchia | clientela |

La lettera    | c + e
       i | è rappresentata dal suono palatale [tʃ]

| | | | | |
|---|---|---|---|---|
| cena | cera | anice | certo | certificato |
| città | cinema | cinque | ciliegia | citofono |

## Attività comunicative

| 1 |
|---|

P

*Scegliete le parole giuste per descrivere la signorina Giulia Olderisi o il signor Fabio Stellato.*

| Questa Questo | è | Giulia Fabio | .E' | alto/a basso/a di media statura | è | grasso/a magro/a normale | .Ha | 20 40 60 | anni |
|---|---|---|---|---|---|---|---|---|---|
| Indossa | | una giacca un cappotto | | nero/a grigio/a | e | pantaloni gonna | | bianca/chi nera/i | |
| Ha i capelli | | biondi neri | e | gli occhi | neri chiari | e | porta | gli occhiali un cappello una sciarpa | |

| 2 |
|---|

P

*Formate mini dialoghi. Lo studente A, con l'aiuto dell'ampliamento lessicale di pag. 59 descrive, in modo appropriato, una delle persone nei disegni. Lo studente B deve indovinare di chi si tratta.*

es.: A : ..... è alta e magra, ha i capelli neri lunghi e lisci.
   Ha un'aria triste. Indossa una camicetta verde ed una gonna blu.
   B : E' Anna.
   A : Esatto.

Renzo   Marcello   Elena   Silvia  Alessia   Giorgio   Giulia   Anna

**3**

S

Descrivete l'aspetto fisico, il carattere e l'abbigliamento del vostro vicino.

................................................................................................................

................................................................................................................

................................................................................................................

**4**

S

Pensate ad una persona che vi è vicina e descrivetela. Aiutatevi con queste domande.

– è alto/a?
– è magro/a?
– di che colore ha gli occhi?
– come sono i suoi capelli?
– che tipo di abiti porta?
– che tipo di persona è?

**5**

P

A turno chiedete e date informazioni sull'aspetto fisico delle persone nei disegni dell'esercizio n. 2.

es.:  A: Marcello è bruno?
       B: No, è biondo

**6**

L

Sandy viene in Italia a trovare dei vecchi amici dei suoi genitori e scrive una lettera con la sua descrizione. Leggete la lettera e rispondete alle domande.

Cari Filippo e Matilde,
                          non vedo l'ora di essere in Italia e di conoscervi.
Arrivo a Fiumicino venerdì 21 con l'aereo dell'Alitalia, volo 541 delle 18.30.
      Io somiglio un po' a mia madre; ho 20 anni, sono bruna, piccola ma piuttosto slanciata. Ho gli occhi verdi e i capelli lunghi e lisci. Porto occhiali di tartaruga. Indosso, di solito, blu jeans e mocassini bassi. Mi potete riconoscere da uno strano cappello verde che porto sempre. A presto.
Con affetto
                                                           Sandy

1) Sandy è già in Italia?
2) Dove arriva?
3) Quando arriva?

4) Ha i capelli ricci?
5) Quanti anni ha?
6) Di solito porta il cappello?

**7** Ora immaginate di dover incontrare una persona che non vi conosce. Scrivete quindi una descrizione di voi stessi.

S

......................................................................................................................................

......................................................................................................................................

......................................................................................................................................

**8** In una agenzia matrimoniale.

A

Queste sono le schede delle richieste dei signori Bucci, Flavi, Carletti e Mazzari. Scrivete il loro nome nella scheda corrispondente e segnate le caratteristiche delle persone che vogliono incontrare.

es.:

| Signora Bucci | |
|---|---|
| alto/a | bello/a |
| basso/a | carino/a |
| slanciato/a | elegante |
| magro/a    X | attivo/a |
| età.......... | socievole |
| biondo/a    X | allegro    X |
| bruno/a | simpatico/a  X |
| castano/a | tranquillo/a |
| colore degli | generoso |
| occhi .......... | gentile |
| interessi .......... | |

| | |
|---|---|
| alto/a | bello/a |
| basso/a | carino/a |
| slanciato/a | elegante |
| magro/a | attivo/a |
| età .......... | socievole |
| biondo/a | allegro |
| bruno/a | simpatico/a |
| castano/a | tranquillo/a |
| colore degli | generoso |
| occhi.......... | gentile |
| interessi .......... | |

| | |
|---|---|
| alto/a | bello/a |
| basso/a | carino/a |
| slanciato/a | elegante |
| magro/a | attivo/a |
| età .......... | socievole |
| biondo/a | allegro |
| bruno/a | simpatico/a |
| castano/a | tranquillo/a |
| colore degli | generoso |
| occhi .......... | gentile |
| interessi .......... | |

| | |
|---|---|
| alto/a | bello/a |
| basso/a | carino/a |
| slanciato/a | elegante |
| magro/a | attivo/a |
| età .......... | socievole |
| biondo/a | allegro |
| bruno/a | simpatico/a |
| castano/a | tranquillo/a |
| colore degli | generoso |
| occhi .......... | gentile |
| interessi .......... | |

**9**

P

*L'impiegato dell'agenzia matrimoniale organizza un incontro tra la sig.ra Bucci e il sig. Righi. Il sig. Righi telefona alla sig.ra Bucci per fissare un appuntamento e chiede informazioni sul suo aspetto fisico.*

Sig.ra Bucci                    Sig. Righi

| | saluta e si presenta |
| --- | --- |
| risponde al saluto e si presenta | |
| | chiede di fissare un appuntamento |
| accetta, chiede il luogo e la data | |
| | fissa per il pomeriggio al bar Rosati a Piazza del Popolo, alle quattro |
| è d'accordo e chiede cosa indossa | |
| | descrive il proprio abbigliamento e chiede informazioni sull'aspetto fisico della sig.ra Bucci |
| descrive il proprio abbigliamento e aspetto in modo particolareggiato | |
| | ringrazia, conferma il luogo e l'ora dell'appuntamento e saluta |
| saluta a sua volta | |

**10** *In quale periodo dell'anno sono queste festività?*

P           es.: Capodanno è il 1 gennaio / in inverno

1) Natale
2) Epifania
3) Festa del lavoro
4) Santo Stefano
5) Ognissanti
6) Festa della
   Liberazione

| | GENNAIO | FEBBRAIO | MARZO | APRILE |
|---|---|---|---|---|
| L | 3 10 17 24 31 | 7 14 21 28 | 7 14 21 28 | 4 11 18 25 |
| M | 4 11 18 25 | 1  8 15 22 | 1  8 15 22 29 | 5 12 19 26 |
| M | 5 12 19 26 | 2  9 16 23 | 2  9 16 23 30 | 6 13 20 27 |
| G | ⑥ 13 20 27 | 3 10 17 24 | 3 10 17 24 31 | 7 14 21 28 |
| V | 7 14 21 28 | 4 11 18 25 | 4 11 18 25 | 1  8 15 22 29 |
| S | ① 8 15 22 29 | 5 12 19 26 | 5 12 19 26 | 2  9 16 23 30 |
| D | 2  9 16 23 30 | 6 13 20 27 | 6 13 20 27 | 3 10 17 24 |

| | MAGGIO | GIUGNO | LUGLIO | AGOSTO |
|---|---|---|---|---|
| L | 2  9 16 23 30 | 6 13 20 27 | 4 11 18 25 | 1  8 15 22 29 |
| M | 3 10 17 24 31 | 7 14 21 28 | 5 12 19 26 | 2  9 16 23 30 |
| M | 4 11 18 25 | 1  8 15 22 29 | 6 13 20 27 | 3 10 17 24 31 |
| G | 5 12 19 26 | 2  9 16 23 30 | 7 14 21 28 | 4 11 18 25 |
| V | 6 13 20 27 | 3 10 17 24 | 1  8 15 22 29 | 5 12 19 26 |
| S | 7 14 21 28 | 4 11 18 25 | 2  9 16 23 30 | 6 13 20 27 |
| D | ① 8 15 22 29 | 5 12 19 26 | 3 10 17 24 31 | 7 14 21 28 |

| | SETTEMBRE | OTTOBRE | NOVEMBRE | DICEMBRE |
|---|---|---|---|---|
| L | 5 12 19 26 | 3 10 17 24 31 | 7 14 21 28 | 5 12 19 26 |
| M | 6 13 20 27 | 4 11 18 25 | ① 8 15 22 29 | 6 13 20 27 |
| M | 7 14 21 28 | 5 12 19 26 | 2  9 16 23 30 | 7 14 21 28 |
| G | 1  8 15 22 29 | 6 13 20 27 | 3 10 17 24 | 1  8 15 22 29 |
| V | 2  9 16 23 30 | 7 14 21 28 | 4 11 18 25 | 2  9 16 23 30 |
| S | 3 10 17 24 | 1  8 15 22 29 | 5 12 19 26 | 3 10 17 24 31 |
| D | 4 11 18 25 | 2  9 16 23 30 | 6 13 20 27 | 4 11 18 25 |

# In questa unità avete imparato a:

– Descrivere una persona:

  – nell'aspetto fisico.          – *Com'è?*
                                  – *E' alto, magro, ecc.*

  – nel carattere.               – *Che tipo è?*
                                  – *E' simpatico, socievole ...*

  – nell'abbigliamento.          – *Cosa indossa (porta)?*
                                  – *Un paio di pantaloni e una camicia.*

– Chiedere e dire i colori.      – *Di che colore sono gli occhi?*
                                 – *Verdi, neri ...*

– Chiedere e dire quando si      – *Quando arrivi a casa?*
  compiono le varie azioni.      – *Alle otto.*

                                 – *Quando termina la scuola?*
                                 – *A giugno.*

                                 – *Quando hai lezione di nuoto?*
                                 – *Il mercoledì.*

– Scrivere e leggere la data.    – *Roma, 10 febbraio 1996.*

## *Scheda culturale*

### La scuola in Italia

La settimana scolastica in Italia va dal lunedì al sabato incluso e le lezioni sono di solito di mattina. Gli studenti, infatti, entrano normalmente a scuola alle 8.00/8.30 ed escono alle 12.30 o alle 13.30. In alcune scuole, ad esempio quelle ad indirizzo tecnico-pratico, l'orario è più lungo.

Prima dei sei anni, i bambini possono andare all'Asilo (0/3 anni) e alla scuola Materna (3/5 anni). La scuola dell'obbligo va dai sei ai quattordici anni: 5 anni di scuola Elementare e tre di scuola Media. E' in corso l'innalzamento dell'obbligo scolastico ai 16 anni. Al termine di questi primi 2 cicli, i ragazzi che continuano gli studi possono scegliere tra vari indirizzi: il Liceo (classico o scientifico o artistico), le Magistrali, gli Istituti tecnici o professionali a vario indirizzo (industriale, commerciale, turistico, nautico, chimico, informatico ecc.).

La maggior parte di queste scuole superiori dura cinque anni e ter-

mina con l'esame di "Maturità". Con il diploma di maturità i giovani possono iscriversi liberamente ad una facoltà di qualsiasi Università dove ottengono un diploma universitario dopo due anni o la laurea dopo quattro o più anni.

| Specchietto di orario scolastico di primo Liceo Classico | | | | |
|---|---|---|---|---|
| *Lunedì:* | Latino | Greco | Italiano | Filosofia | Storia |
| *Martedì:* | Filosofia | Scienze | Storia dell'arte | Italiano | |
| *Mercoledì:* | Scienze | Latino | Storia | Matematica | Religione |
| *Giovedì:* | Greco | Matematica | Scienze | Scienze | |
| *Venerdì:* | Ed. Fisica | Filosofia | Latino | Italiano | Italiano |
| *Sabato:* | Greco | Storia | Latino | Ed. Fisica | Storia dell'arte |

## Al supermercato

| | |
|---|---|
| *Serena:* | Prendiamo un carrello. No, questo è piccolo, è meglio se prendi quello grande, lì in fondo. Andiamo subito al banco del pesce fresco e sentiamo se hanno delle vongole. |
| *Michele*: | Va bene, ma quante ne prendiamo? |
| *Serena:* | Non so..., 1 Kg, senti prima quanto costano. Io sono al banco della gastronomia. |
| *Michele*: | Allora, io vado al banco del pesce, mentre tu vai a prendere il pane. Prendi dei panini. |

.........................................................

| | |
|---|---|
| *Commesso:* | Desidera? |
| *Serena:* | Mezzo chilo di questi panini e del prosciutto crudo, per favore. |
| *Commesso:* | Vanno bene due etti? |
| *Serena:* | Sì, ne prendo due etti. Ho bisogno anche di un barattolo di miele e di un pacco di caffé da 250 grammi. |
| *Commesso:* | Mi dispiace signora, qui vendiamo solo pane, salumi e formaggi. Il miele e il caffè sono in quello scaffale lì a destra sopra le marmellate. |

| Serena: | Grazie, quant'è? |
|---|---|
| Commesso: | 15.200. |
| Serena: | Grazie. |

............................................

| Serena: | Sono qui, andiamo? |
|---|---|
| Michele: | Serve altro? |
| Serena: | Sì, un litro di latte, tre lattine di birra, 8 etti di carne di manzo, due bottiglie di vino e una scatola di biscotti. |
| Michele: | Dov'è il latte? |
| Serena: | E' lì in quel banco frigorifero, sotto il burro. |

# Verifica

*Completate la seguente tabella.*

| Cosa comprano | quanto ne comprano |
|---|---|
| *vongole* | 1 kg |
| pɲNiNi .................... | ........................ |
| proscuitto crudo barattolo ............... | ........................ |
| ........................ | ........................ |
| ........................ | 1 *barattolo* |
| *latte* .................... | ........................ |
| ........................ | 3 *lattine* |
| *carne* | |
| ........................ | ........................ |
| *biscotti* | ........................ |

## Ampliamento lessicale

**1** *Cosa possiamo acquistare e dove.*

al bar
- tè
- caffè
- acqua minerale
- cappuccino
- cornetto
- coca cola

in pasticceria
- torta
- pasticcini
- paste
- crostate

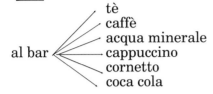

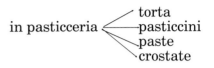

dal fornaio
- biscotti
- pane
- pizza
- pasta

nel negozio di alimentari
- pasta
- formaggi
- salumi
- pane
- detersivi

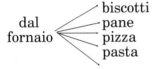

dal tabaccaio
- sigarette
- cartoline
- francobolli
- biglietti autobus

in farmacia
- medicinali
- spazzolino
- dentifricio
- disinfettante

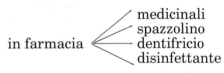

all'edicola/ dal giornalaio
- giornali (quotidiani)
- riviste
- fumetti
- libri tascabili

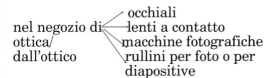

nel negozio di ⟨ occhiali
ottica/ — lenti a contatto
dall'ottico — macchine fotografiche
— rullini per foto o per
     diapositive

in cartoleria/ ⟨ penne
dal cartolaio — matite
— quaderni
— gomme
— blocchi per
     appunti
— carta da
     lettere
— agende

**2** *Contenitori e quantità*

un chilo (1 Kg) di pesche

mezzo chilo (1/2 Kg) di pane

un quarto (250 g.) di caffè

un etto (1 hg. = 100 grammi) di burro

una scatola di biscotti

un barattolo di marmellata

un pacco di pasta

una scatoletta di tonno

un litro (1 lt.) di latte

una bottiglia di Coca Cola

una lattina di birra

una caraffa/brocca d' acqua

un bicchiere di vino

una tazza da tè

una tazzina da caffè

# Uso della lingua

**1**  *Quando entrate in un negozio per fare un acquisto, il commesso o il negoziante si rivolge a voi con espressioni del tipo:*

– Buon giorno, desidera?
– Prego?
– Posso esserle utile?
– Posso servirla?
– La stanno servendo?

Voi potete rispondere:
– Vorrei un chilo di pane/un litro di latte ecc.
  oppure più spesso soltanto:
– un chilo di pane/un litro di latte, per favore.


Alla domanda:

– Serve altro?


Potete rispondere:

– (No), niente altro, grazie.
– Sì (grazie) un litro di latte, un chilo di pane ecc.

Al momento di pagare potete usare le espressioni:
– Quant'è / Quanto viene/ Quanto devo?


**2**  *Il verbo ANDARE è molto usato perché esprime una varietà di azioni.*

● Andare a piedi
● Andare in macchina
● Andare di corsa
● Andare a spasso
● Andar bene/male
● Andare a male
● Andar matto (per qualcosa)
● Andare di moda
● Andare in giro

# Fonetica

## Le consonanti

La lettera | g + a<br>o<br>u<br>h<br>consonante | è rappresentata dal suono gutturale [g]

| | | | |
|---|---|---|---|
| gara | gabbia | garofano | gambero |
| gonna | albergo | gola | gomito |
| guida | guanto | Guido | guadagno |
| ghiaccio | alberghi | ghiotto | aghi |
| grazie | progresso | gridare | congresso |

La lettera | g + e<br>i | è rappresentata dal suono palatale [dʒ]

| | | | |
|---|---|---|---|
| gesso | gelato | gettare | geranio |
| gita | giorno | orologio | giugno |

Il gruppo | gl + i | è rappresentato dal suono [λ]

| | | | |
|---|---|---|---|
| figlio | tovagliolo | foglio | luglio |
| maglione | moglie | famiglia | biglietto |

☛ in qualche caso il suono è gutturale [g]: glicemia, anglicano, negligente, glicine.

Il gruppo | gl + a<br>o<br>u<br>e | ha suono gutturale [ gl]

| | | | |
|---|---|---|---|
| gladiolo | gloria | globale | glucosio |
| glaciale | gleba | globuli | glutine |

Il gruppo | gn | è rappresentato dal suono [ɲ]

| | | | |
|---|---|---|---|
| lavagna | Spagna | bagno | campagna |
| ognuno | regno | cigno | ogni |

## Attività comunicative

**1**

P

*Giovanni e Francesca organizzano una festa per sabato sera.*

*Ecco le cose da comprare:*

*Formate mini-dialoghi.*

es.: Giovanni   –   Prendiamo del vino?
      Francesca   –   Sì, ma quanto ne prendiamo?
      Giovanni   –   5 bottiglie.

**2**

P

*Formate un dialogo seguendo le indicazioni.*

| Cliente | Commesso |
|---|---|
| saluta e chiede degli spaghetti | saluta e offre aiuto |
| risponde e chiede anche della birra | chiede la quantità |
| risponde | chiede la quantità |
| ringrazia e chiede del latte | chiede se vuole altro |
| ringrazia ugualmente e chiede il conto | si scusa e dice che non c'è |
| paga e saluta | risponde |
| | ringrazia e saluta |

**3** *Formate mini-dialoghi.*

P

es.: A: Avete dei rullini per diapositive?
    B: Sì, ecco

    A: Avete fumetti americani?
    B: No, mi dispiace

**4**

S

*Elencate le parole per categorie e scrivete il nome del negozio dove trovate questi articoli.*

francobolli, agende, spazzolino, cornetto, pizza, caffè, riviste, formaggi, quaderni, occhiali, sigarette, medicinali, salumi, biscotti, quotidiani, macchine fotografiche, pane, penne, detersivi.

| bar | | | | alimentari | | |
|---|---|---|---|---|---|---|
| *caffè* | | | | *detersivi* | | |
| | | | | | | |
| | | | | | | |
| | | | | | | |

**5**

S

*Silvana va a fare la spesa. In quali negozi va a comprare le seguenti cose?*

sigarette, pane, medicine, formaggi, dentifricio, detersivo, francobolli, pasta.

*Scrivete un breve testo.*

Silvana va al negozio di alimentari a comprare .........
poi ..................
infine.............

**6**

S

*Ora scrivete un breve testo specificando in quali negozi andate, di solito, a fare la spesa e cosa comprate:*

A  – in Italia

B  – nel vostro paese

**7**

A

*Ascoltate i quattro dialoghi e scrivete cosa chiedono i clienti e quanto pagano.*

| Cosa comprano | Quanto costano |
|---|---|
| *sei uova* | |
| | |
| | |
| | |

| 8 | *Leggete il brano e segnate con una crocetta se le seguenti affermazioni sono vere, false o non date.* |
|---|---|

L

---

## Gli acquisti in Italia

In Italia i negozi generalmente aprono dalle 9.00 alle 13.00 e dalle 16.00 alle 20.00 con leggere modifiche di orario in base alle stagioni.

Ogni categoria di negozi ha poi, oltre alla domenica, una mezza giornata di chiusura (ad esempio in alcune città i negozi di abbigliamento restano chiusi il lunedì mattina, i negozi di alimentari il giovedì pomeriggio ecc).

Solo recentemente alcuni grandi magazzini e i negozi del centro delle grandi città hanno orario continuato dalle 10.00 alle 19.00 e sono aperti anche la domenica.

Gli italiani, comunque, preferiscono ancora fare spese nei piccoli negozi perché desiderano un rapporto diretto con il commerciante e perché trovano nel negozio specializzato più qualità e più scelta.

---

|  | VERO | FALSO | NON DATO |
|---|:---:|:---:|:---:|
| 1) Tutti i grandi magazzini in Italia aprono dalle 10.00 alle 19.00. | ❏ | ❏ | ❏ |
| 2) I grandi magazzini restano aperti la domenica. | ❏ | ❏ | ❏ |
| 3) Gli italiani preferiscono fare spese nei grandi magazzini. | ❏ | ❏ | ❏ |
| 4) I grandi magazzini offrono una grande varietà di articoli. | ❏ | ❏ | ❏ |

**9**

L

*La sig.ra Olga oggi non può andare a fare la spesa. E' in cucina con il figlio Marco. Leggete il dialogo e scrivete che cosa compra Marco nei vari negozi.*

*Olga:*      Marco puoi scrivere quello che manca? Allora ...... zucchero, pasta, una scatola di tè e anche il pane.

*Marco:*      Il pane lo compro dal fornaio o al supermercato?

*Olga:*      Dal fornaio. Vai anche in farmacia perché ho bisogno di una scatola di aspirine e di uno sciroppo per la tosse.

*Marco:*      Nient'altro?

*Olga:*      Ritornando, all'edicola, prendi il giornale.

*Marco:*      E' tutto? Posso andare?

*Olga:*      Penso di sì. Ah ..... Aspetta! Ho bisogno anche di un pacco di biscotti. Ecco i soldi. Fà presto.

| supermercato | fornaio | farmacia | giornalaio |
|---|---|---|---|
| | | | |

**10** *Ascoltate il seguente testo e segnate con una X tutte le azioni nominate.*

A

- *Andare a piedi.*
- *Andare a male.*
- *Andar bene.*
- *Andar via.*
- *Andare in giro.*
- *Andare matto.*
- *Andare di moda.*
- *Andare di corsa.*
- *Andare in macchina.*
- *Andare a spasso.*

## In questa unità avete imparato a:

– Offrirsi di servire una persona in un negozio.

    – *Desidera?*

– Chiedere/dare informazioni riguardo a costi e quantità in un negozio.

    – *Quant'è / Quanto costa?*

    – *25.000 lire.*

– Indicare la quantità e i nomi delle confezioni per i cibi liquidi e solidi.

    – *1 lt. di vino.*
    – *2 hg di formaggio.*
    – *4 scatole di noccioline.*

– Usare varie espressioni con il verbo andare.

    – *Vado matto per la cioccolata.*

*Scheda culturale*

## La cucina mediterranea

In tutto il mondo assistiamo ad un ritorno della cucina italiana.

E' il grande ritorno della cucina mediterranea a base soprattutto di cereali e di ortaggi, ingredienti alla radice delle nostre tradizioni locali. Basterà dire che oggi gli stessi Stati Uniti, dopo averci mandato l'hamburger e la moda del fast food, si stanno orientando sempre più massicciamente verso splendidi piatti unici di pasta accompagnata da verdure, ortaggi, legumi. Una cucina, tramandata nei secoli attraverso la vita familiare, d'impronta soprattutto contadina e, in quanto tale, vicina alla nostra terra, ai suoi prodotti nel corso delle stagioni: quindi più genuina e affidata ad ingredienti naturali.

Questa cucina varia di regione in regione, ma alcuni piatti si ritrovano, sia pure con varianti, in tutte le cucine regionali. Questo fondo comune non si è mai disperso, anche se, dopo il Rinascimento, la vita italiana è stata politicamente e culturalmente divisa; c'è stata una base comune di cucina italiana non solo a livello popolare, ma anche a livello delle corti e delle classi alte. Si tratta della stessa cucina, elaborata con maggior ricchezza di ingredienti, da cuochi raffinati e sapienti. Viene così a cadere la vecchia divisione tra la cucina regionale e la cosiddetta alta cucina.

Adattato da «Rustica e Raffinata» di Vincenzo Buonassisi Gioia Tavola.

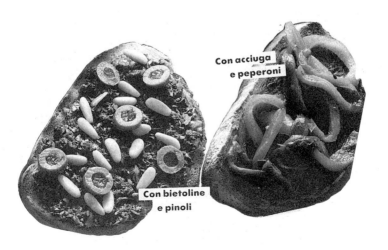

# In un negozio di abbigliamento

| | |
|---|---|
| *Gabriella:* | Vogliamo andare a guardare le vetrine? Ci sono già i saldi. |
| *Valeria:* | Sì, sì. Così se vedo un bel paio di scarpe le compro..................... Bella questa gonna nera e non costa molto. |
| *Gabriella:* | La vuoi provare? Chiediamo se hanno la tua taglia. |
| *Valeria:* | Buongiorno. Posso provare quella gonna nera in vetrina? |
| *Commessa:* | Che taglia porta? |
| *Valeria:* | La 42. |
| *Commessa:* | Eccola, può provarla nel salottino... come va? Se vuole c'è anche in altri colori. |
| *Valeria:* | No, grazie, la preferisco nera. Questa misura mi va bene. |
| *Gabriella:* | Avete dei pantaloni di velluto? Taglia 44. |
| *Commessa:* | Di che colore li preferisce? |
| *Gabriella:* | Neri, se ci sono. |
| *Commessa:* | Vediamo... No, li ho solo blu; purtroppo i pantaloni neri finiscono subito. Li potete trovare la settimana prossima, se volete. |
| *Valeria:* | Quanto devo per la gonna? |
| *Commessa:* | 80.000 lire, grazie. |

| | |
|---|---|
| *Valeria:* | Posso pagare con la Carta di Credito o con un assegno? |
| *Commessa:* | Mi dispiace, ma durante i saldi preferiamo il pagamento in contanti. |
| *Valeria:* | Ecco, grazie. ... Gabriella, allora possiamo andare. Arrivederci. |
| *Commessa:* | Arrivederla, grazie. |

| | |
|---|---|
| *Valeria:* | Adesso, però, voglio cercare le scarpe. Vediamo in quel negozio lì. |
| *Gabriella:* | Le vuoi con i tacchi o le preferisci senza? |
| *Valeria:* | Queste nere con i tacchi vanno bene. Quasi quasi le provo. |
| *Gabriella:* | Dai, provale. Entriamo! |
| *Valeria:* | Posso misurare quelle scarpe in vetrina? |
| *Commesso:* | Che numero? Abbiamo solo il 39. Le vuole provare? |
| *Valeria:* | No, grazie, sono grandi: porto il 37. Arrivederci (rivolta all'amica). Non capisco perché il 37 finisce sempre così in fretta. |

# Verifica

*Segnate con una X se le seguenti affermazioni sono vere, false, o non date.*

| | VERO | FALSO | NON DATO |
|---|---|---|---|
| 1) E' periodo di saldi. | ❑ | ❑ | ❑ |
| 2) Valeria vuole comprare un maglione nero. | ❑ | ❑ | ❑ |
| 3) Gabriella chiede di provare una gonna. | ❑ | ❑ | ❑ |
| 4) Valeria porta la taglia 42. | ❑ | ❑ | ❑ |
| 5) Gabriella porta pantaloni neri. | ❑ | ❑ | ❑ |
| 6) Valeria preferisce scarpe senza tacchi. | ❑ | ❑ | ❑ |
| 7) Gabriella vuole comperare delle scarpe con i tacchi. | ❑ | ❑ | ❑ |
| 8) Valeria porta il numero 39. | ❑ | ❑ | ❑ |

# Ampliamento lessicale

**1**

| | | |
|---|---|---|
| A Vestito (da donna) | H guanti | P vestito (da uomo) |
| B camicetta | I sciarpa | Q cravatta |
| C calze | L cintura | R calzini |
| D borsa | M giacca a vento | S giubbotto |
| E giaccone | N maglietta | T stivali |
| F impermeabile (unisex) | O costume da bagno | U gilet |
| G ombrello | | |

**2**

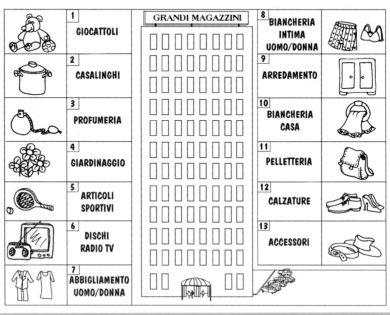

# Uso della lingua

**1** *Il verbo POTERE si usa per:*

1) indicare la possibilità;                es.: Posso essere da te alle 5.
2) Chiedere e dare un permesso;            es.: Posso fare una telefonata?
                                                Puoi prendere il mio ombrello.
3) Chiedere e dare un consiglio;           es.: Cosa posso fare?
                                                Puoi leggere un fumetto.
4) Fare una proposta;                      es.: Possiamo andare insieme.
5) Offrirsi di fare qualcosa;              es.: Posso portarle la valigia?
                                                Posso aiutarla?

*Modi di dire*:

● Non *ne posso* più.                      es.: Giorgio non ne può più di
                                                viaggiare in treno.

● Volere è potere.

**2** *Il verbo VOLERE si usa per:*

1) Esprimere volontà e decisione;          es.: Stasera voglio dormire.
2) Per fare una proposta;                  es.: Vogliamo andare al cinema?
3) Per offrire qualcosa;                   es.: Vuole bere qualcosa?
4) Per esortare a fare;                    es.: Vogliamo sbrigarci?
5) Per rimproverare                        es.: Volete smetterla?

*Modi di dire*:
● Qui ti voglio.
● Voglio dire (cioè).
● Ci vuole/ci vogliono.                     es.: Ci vogliono 4 ore per arrivare
                                                a Milano (sono necessarie 4 ore).

● Voler bene.
● Voler dire. (significare)

**3** *In un negozio di abbigliamento le seguenti espressioni potrebbero esservi utili:*

– Scusi, posso vedere ........?

– Scusi, posso provare ........?

– Vorrei provare ........

– Avete ........?

– Porto la (taglia) ........

– Porto il numero ........

– E' grande/piccolo; è corto/lungo/stretto/largo.

– Ha una misura/numero più grande/piccola (o)?

# Fonetica

**Le consonanti**

Il gruppo | sc + a o u h | ha suono gutturale [sk]

| scatola | scarpa | scartare | scavare |
| fiasco | scorta | sconosciuto | scommessa |
| scusa | scuola | scuro | scultura |
| dischi | schiena | scherzare | schiaffo |

Il gruppo | sc + e i | è rappresentato dal suono palatale [ʃ]

| scena | scendere | ascensore | pesce |
| sciarpa | prosciutto | lasciare | piscina |

## Attività comunicative

**1**  **A** - *Leggete la tabella "Taglie internazionali" e riempite la prima parte della seguente griglia con la vostra taglia e le vostre misure.*

S

## TAGLIE INTERNAZIONALI

| Indumenti | Italia | Francia | Inghilterra | U.S.A. | Germania |
|-----------|--------|---------|-------------|--------|----------|
|           | 40     | 38      | 12          | 10     | 42       |
|           | 42     | 40      | 14          | 12     | 44       |
|           | 44     | 42      | 16          | 14     | 46       |
|           | 46     | 44      | 18          | 16     | 48       |
|           | 48     | 46      | 20          | 18     | 50       |

| Scarpe | Italia | Francia | Inghilterra | U.S.A. | Germania |
|--------|--------|---------|-------------|--------|----------|
|        | 37     | 38 1/2  | 5 1/2       | 7      | 38       |
|        | 38     | 39 1/2  | 6 1/2       | 8      | 39       |
|        | 39     | 40 1/2  | 7 1/2       | 9      | 41       |
|        | 40     | 41 1/2  | 8 1/2       | 10     | 43       |
|        | 41     | 42 1/2  | 9 1/2       | 11     | 45       |
|        | 42     | 43 1/2  | 10 1/2      | 12     | 47       |
|        | 43     | 44 1/2  | 11 1/2      | 13     | 49       |
|        | 44     | 45 1/2  | 12 1/2      | 14     | 51       |

|           | TU | IL TUO COMPAGNO |
|-----------|----|-----------------|
| Giacca    |    |                 |
| Pantaloni |    |                 |
| Scarpe    |    |                 |
| Camicie   |    |                 |
| Vestiti   |    |                 |

**B** – *Ora chiedete al vostro compagno le sue misure e riempite la seconda parte della tabella.*

es.: A: Che numero di scarpe porti?

B: ...................

**2**   *Modificate il dialogo aiutandovi con la tabella. Fate tutte le sostitu-*
         *zioni possibili.*

P

    es.:       Commesso:   Buongiorno, desidera?
               Cliente:    Vorrei provare quei pantaloni in vetrina.
               Commesso:   Che taglia porta?
               Cliente:    La 50, penso.
               Commesso:   Di che colore li preferisce?
               Cliente:    Grigi, grazie.

| articoli | misure | colori |
|----------|--------|--------|
| gonna | 15,1/2 | nero |
| abito | 43 | blu |
| giacca | 48 | marrone |
| scarpe | 37 | celeste |
| maglione | 42 | rosa |
| camicia | 46 | rosso |
| mocassini | 52 | bianco |

**3**   *Sulla base della descrizione fatta dal vostro compagno, individuate di*
         *quale personaggio si tratta.*

P

    es.: A: Porta dei pantaloni stretti, un maglione lungo e mocassini neri. Chi è?
         B: E' il numero 1.

    1        2        3       4        5          6

**4**

P

*Lo studente A e lo studente B devono fare spese, ma prima di decidere cosa comprare, A va a guardare le vetrine della Rinascente e B quelle di Coin. Riempite la tabella con i nomi ed i prezzi degli stessi articoli nei due grandi magazzini. Formate mini-dialoghi.*

es.: A: Quanto costa una giacca da Coin?
B: 220.000 lire.
A: Ah! Poco. Alla Rinascente costa 280.000 lire.

| ARTICOLO | PREZZO COIN | PREZZO LA RINASCENTE |
|---|---|---|
| GIACCA | 220.000 | 280.000 |
| | | |
| | | |
| | | |
| | | |
| | | |
| | | |
| | | |
| | | |

**5**  Consultate la guida ai vari reparti di un grande magazzino e rispondete alle domande indicando piano e reparto.

L

| | | PIANO | | | PIANO |
|---|---|---|---|---|---|
| **a** | Accessori, donna,<br>Pelletteria,<br>Calzature,<br>*Servizi integrati srl* | Terra | **e** | Abbigliamento donna giovane,<br>River Café, Leiluna, Foxton,<br>Made in Jeans, Stilò Noir | 1° |
| **b** | Maglieria, donna,<br>Foxton Tricot | | **f** | Impermeabili,<br>Cappotti,<br>Miss Twidd, Coexis<br>*Lagrage 47 srl* | 1° |
| **c** | Abbigliamento uomo giovane, 1°<br>Made in Jeans,<br>Department<br>*Wandar srl* | | **g** | Cucina,<br>Tavolo,<br>Letto,<br>Bagno,<br>Passamaneria e cotoni,<br>Complementi d'arredo,<br>Idee regalo,<br>*Wandar srl* | 2° |
| **d** | Abbigliamento uomo,<br>Impermeabili,<br>Cappotti,<br>Camiceria,<br>Maglieria,<br>Intimo,<br>Accessori,<br>J.G. Twidd, Luca D'Altieri,<br>Foxton, Manhattan,<br>*Servizi Integrati srl* | 1° | **h** | Intimo donna,<br>Lingeria,<br>Corsetteria, Sottovoce,<br>Pink Rose,<br>*Langrage 47 srl* | 2° |

1) Dove sono le borse da viaggio?

2) Dove potete trovare un paio di scarpe?

3) Dove andate a comprare una tovaglia?

4) In quale reparto vendono piatti e bicchieri?

5) Dove potete cercare delle sedie?

6) Dove potete acquistare mutande e calzini?

**6**

S

*Siete in un grande magazzino. Scrivete 5 mini-dialoghi chiedendo e dando informazioni su vari reparti.*

es.: A: Scusi, dov'è il reparto intimo donna?
B: Vicino al reparto abbigliamento, dopo il reparto pelletteria.

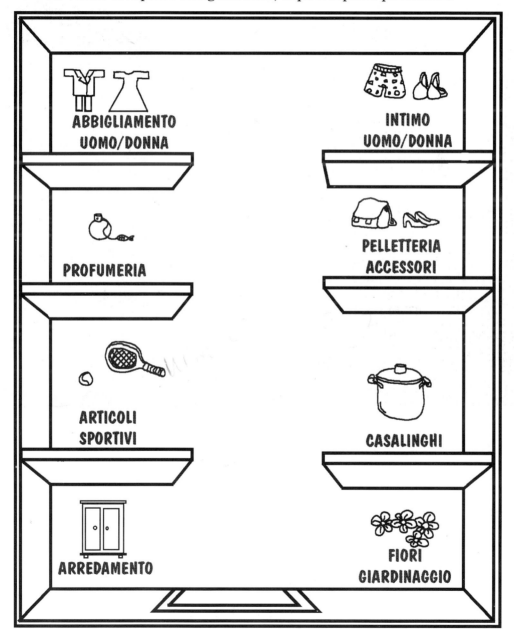

ABBIGLIAMENTO
UOMO/DONNA

INTIMO
UOMO/DONNA

PROFUMERIA

PELLETTERIA
ACCESSORI

ARTICOLI
SPORTIVI

CASALINGHI

ARREDAMENTO

FIORI
GIARDINAGGIO

**7**

S

*Un vostro amico italiano deve visitare, per lavoro, il vostro Paese e vi chiede consigli sugli acquisti da fare (cose caratteristiche di artigianato o cibi e spezie particolari ecc.) e dove farli. Scrivetegli una lettera con tutte le informazioni.*

Carissimo Fabio

_____

_____

_____

_____

_____

_____

_____

_____

_____

_____

_____

Saluti cari...

**8**    *Il sig. Tamburi va a fare spese.....*
*Ascoltate e indicate sulla piantina il percorso del sig. Tamburi.*

A

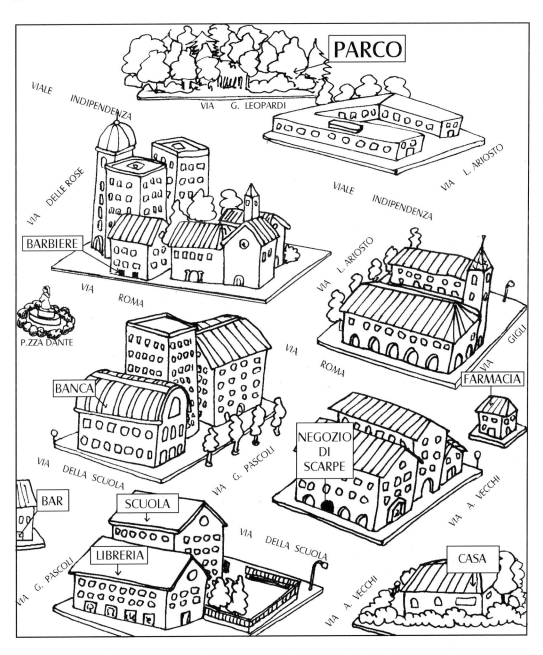

**9** *n un negozio di abbigliamento. Scrivete il dialogo tra il cliente e il commesso. Seguite le indicazioni.*

S

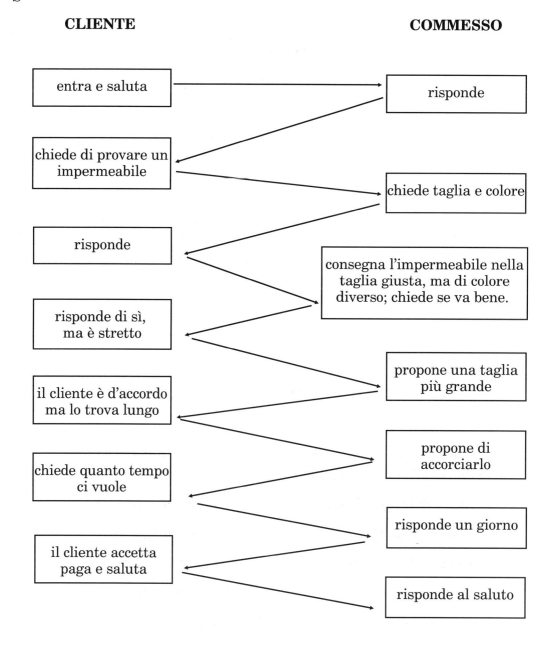

CLIENTE

COMMESSO

entra e saluta → risponde

chiede di provare un impermeabile ← chiede taglia e colore

risponde ← consegna l'impermeabile nella taglia giusta, ma di colore diverso; chiede se va bene.

risponde di sì, ma è stretto → propone una taglia più grande

il cliente è d'accordo ma lo trova lungo → propone di accorciarlo

chiede quanto tempo ci vuole ← risponde un giorno

il cliente accetta paga e saluta → risponde al saluto

**A** - *Dite il costo dei seguenti articoli nel vostro Paese.*

P

...............    ...............    ...............    ...............    ...............

**B** - *Ed ora scambiatevi informazioni sul costo degli articoli indicati.*

es.: A: Quanto costa il quotidiano da voi?
B:  Nel mio Paese costa .........

## In questa unità avete imparato a:

| | |
|---|---|
| – Chiedere e dare informazioni in un negozio di abbigliamento. | – *Che taglia / numero porta?* |
| – Proporre di fare qualcosa. | – *Vogliamo andare a....?* |
| – Esprimere volontà. | – *Voglio cercare....* |
| – Chiedere e dare permesso. | – *Posso provare? Può provarla* |
| – Suggerire. | – *Le vuole provare?* |
| – Indicare possibilità. | – *Li potete trovare....* |

*Scheda culturale*

## La moda "made in Italy"

L'Italia è il primo produttore CEE e il secondo esportatore al mondo nel settore dell'abbigliamento.

La Benetton (1.475 miliardi di fatturato) è l'unica catena europea presente in U.S.A. e in Giappone. La GFT*, un impero da 1.200 miliardi ha 18 stabilimenti in Messico, U.S.A., Canada, Germania e Australia. Nonostante l'immagine e le cifre che collocano l'industria italiana al primo posto del mondo (138.000 addetti, più di 22.000 miliardi di venduto, un saldo attivo di 9.500 miliardi, il 33% dell'export CEE), qualche

* La GFT = Gruppo Finanziario Tessili.

nube all'orizzonte già si intravede. E quindi, in funzione del mercato unico, è necessario puntare su: 1) una qualità sempre più sofisticata, 2) una certa capacità di adeguare la produzione al cambiamento delle esigenze del consumatore, 3) una diversa distribuzione: infatti in Europa la distribuzione al dettaglio (46%) è in rapido calo a causa delle grandi catene di distribuzione che detengono già il 19% del volume totale di abbigliamento.

(Adattato da *Ombre gialle sulla moda Made in Italy* di CESARE ROCCATI. Speciali «La Stampa»).

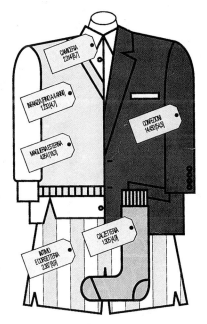

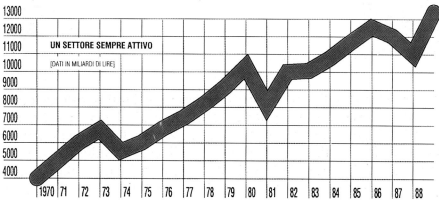

UN SETTORE SEMPRE ATTIVO

[DATI IN MILIARDI DI LIRE]

# Lettera ad un'amica

Giulio Alberti è a Firenze per seguire un corso di specializzazione che dura un mese. Scrive ad un'amica, Anna, che vive a Napoli.

Firenze, 5 Aprile 1996

Carissima Anna,

Sono qui solo da quattro giorni, ma mi sono già ambientato.

Trascorro delle giornate molto intense: la mattina mi sveglio alle 7.30, mi preparo in fretta, rifaccio il letto, non faccio neanche colazione: prendo solo un caffè in piedi perché non c'è tempo per sedersi a tavola.

La sede del corso non è vicino a casa, ma per fortuna un collega mi dà un passaggio in macchina.

Le lezioni iniziano alle 9 e terminano alle 12.30; non abbiamo molto tempo per il pranzo perché nel pomeriggio, alle 2, dobbiamo tornare in sede per le esercitazioni pratiche.

Alle 5 terminano le lezioni e di solito faccio una passeggiata in centro oppure dò un'occhiata ai giornali prima di cena.

Verso le 8 ci mettiamo a tavola; Carla, la padrona di casa non mi permette mai di aiutarla nei lavori domestici; nemmeno suo marito Roberto può darle una mano in cucina perché lei si occupa di tutto: fa la spesa, fa le pulizie di casa, cucina, stira, fortunatamente non deve lavare i piatti perché ha la lavastoviglie.

Qui il tempo è bello: fa caldo e non piove, ma Roberto dice che in inverno il clima è rigido: fa freddo e qualche volta nevica.

E tu come stai? Scrivimi e raccontami di te.

Ora ti devo lasciare; ci vediamo alla fine del mese.

Ti abbraccio

Giulio

## Verifica

*Rispondete alle seguenti domande.*

1) A chi scrive Giulio?
2) Da quanti giorni Giulio è a Firenze?
3) Perché non fa colazione la mattina?
4) Quanto tempo ha a disposizione per il pranzo?
5) Che tipo di lezioni ci sono nel pomeriggio?
6) Che cosa fa Giulio prima di cena?
7) Chi si occupa dei lavori domestici?
8) La signora Carla lava i piatti?
9) Suo marito Roberto la aiuta?
10) Com'è il tempo a Firenze in inverno?

## Ampliamento lessicale

**1**  *I lavori domestici*

*Rifare il letto*

*Spazzare*

*Spolverare*

*Fare il bucato*

*Stirare*

*Lavare i piatti*

**2**  *L'ora*

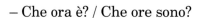

– Che ora è? / Che ore sono?

 – Sono le sette precise.

 – E' l'una e trenta (oppure: l'una e mezzo).

 – Sono le otto e quindici (oppure: le otto e un quarto).

 – Sono le tre e quarantacinque (oppure: le quattro meno
                                        un quarto).

 – Sono le dodici (di notte  =  è mezzanotte/
                          di giorno  =  è mezzogiorno)

**3** *Le quattro stagioni*

**Primavera**

**Estate**

**Autunno**

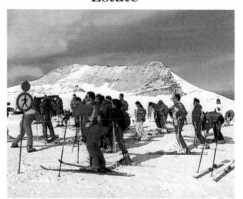

**Inverno**

**4** *Il tempo atmosferico*

– fa caldo
– fa freddo
– c'è il sole
– è nuvoloso
– nevica
– piove
– grandina
– c'è la nebbia
– tira vento

| SERENO | VELATO | POCO NUV. | NUVOLOSO | MOLTO NUV. | VARIABILE |
|--------|--------|-----------|----------|------------|-----------|
| NEVE | PIOGGIA | GRANDINE | TEMPORALE | NEBBIA | VENTO DEB. |
| VENTO MOD. | VENTO FORTE | MARE CALMO | MARE MOSSO | MOLTO MOSSO | AGITATO |

# Uso della lingua

**1** *Il verbo DOVERE si usa per esprimere:*

– *obbligo*
es.: – Dobbiamo sempre rispettare le regole.

– *consiglio*
es.: – Devi andare a vederlo, è proprio un bel film!

– *necessità*
es.: – Devo andare a casa.

– *ipotesi* (basata su informazioni e deduzioni)
es.: – Deve essere andato via.

**2** *Riferiti alle espressioni di tempo ci sono molti detti popolari, proverbi e filastrocche.*

*Eccone alcuni:*

● Piove a dirotto.

● Rosso di sera,
buon tempo si spera.

● Gobba a ponente,
luna crescente;
gobba a levante,
luna calante.

● Cielo a pecorelle,
acqua a catinelle.

● 30 dì conta Novembre,
con April, Giugno e Settembre,
di 28 ce n'è uno,
tutti gli altri ne han 31.

## Fonetica

### Il raddoppiamento delle consonanti

Tutte le consonanti si possono raddoppiare in una parola, tranne la h e la q (il raddoppiamento della q si scrive cq. Es.: acqua, acquistare, acquatico).

Non c'è una regola fissa. Una corretta pronuncia permette una corretta scrittura. Si può comunque notare:

1 – le consonanti g e z non si raddoppiano davanti a - *ione*.

| stagione | ragione | carnagione |
|----------|---------|------------|
| azione | stazione | correzione |

2 – la consonante b non si rabboppia davanti a -*ile*.

| mobile | contabile | terribile |
|--------|-----------|-----------|
| nubile | amabile | trasportabile |

### Esercitazione

| b [b]: | Fabio | tubi | Libia | lobo |
|--------|-------|------|-------|------|
| bb [bb]: | nebbia | dubbi | fibbia | gobbo |
| c [k]: | eco | Rico | baco | roca |
| cc [kk]: | ecco | ricco | bacco | rocca |
| c [tʃ]: | cacio | aceto | bruciato | cuce |
| cc [ttʃ]: | caccia | accetto | sbucciato | cucce |

## Attività comunicative

**1** *Collegate ciascuna delle seguenti frasi con la figura che le illustra.*

P

A  B C

D  E  F

G  H

1) Faccio la doccia.
2) Torno a casa alle 6.
3) Mi sveglio sempre alle 7.30.
4) Dopo cena vado spesso al cinema con gli amici.
5) Pranzo alla mensa dell'ufficio.
6) Vado a dormire verso mezzanotte.
7) Di solito prendo l'autobus per andare al lavoro.
8) Arrivo quasi sempre tardi in ufficio.

**2**    *Guardate le foto e formate mini-dialoghi.*

P

es.: A:   Che cosa fanno i ragazzi?
B:   Giocano a pallavolo.

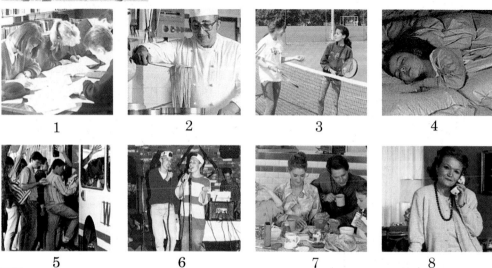

1           2           3           4

5           6           7           8

**3**   *Chiedete e dite l'ora. A turno svolgete il ruolo di A e B.*

P

es.: A:   Che ore sono?
B:   Sono le sette

**4**

P

*Fate domande e date risposte su cosa fa Anna nelle varie ore della giornata.*

7.30 sveglia / 8.15 lavoro / 10.45 bar / 13 pranzo / 17.30 fine lavoro / 18 spesa / 19.30 cucina / 20.30 cena / 22 TV / 23 letto

**5**

P

*Fate domande e date risposte sul tempo in Italia. A turno svolgete il ruolo di A e B.*

es.: A:  Com'è il tempo oggi in Lombardia?
     B:  Piove e c'è la nebbia.

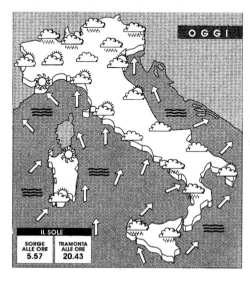

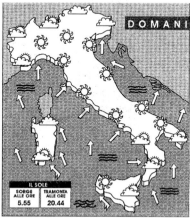

IL TEMPO OGGI: Piogge su gran parte del Nord, specie su Alpi-Prealpi. Piogge anche su basso Tirreno. Nuvoloso su Liguria, Sardegna, Toscana, basso Piemonte, in rasserenamento nel pomeriggio. Nubi in aumento su Puglia, Jonio. Nuvoloso altrove. **Temperatura:** in calo su Tirreno. **Venti:** deboli meridionali. **Mari:** poco mossi. **Tendenza:** domani nubi su Alpi centro-orientali. Nuvoloso su Calabria, Jonio, in rasserenamento. Bello altrove. Dalla sera nubi in aumento su Ovest Alpi, Sardegna, Riviera di Ponente. Sabato maltempo al Centro-nord. Rapido miglioramento a Ponente.

**6**    *Rispondete alle seguenti domande:*

L

1) A che ora inizia l'ultimo spettacolo del film "La lettera scarlatta"?
2) A che ora è la festa di compleanno?
3) A che ora parte da Siena il treno 6889 per Grosseto?
4) A che ora aprono i Musei Vaticani?
5) A che ora arriva a Rimini il treno 1575 proveniente da Milano?
6) A che ora chiude il Museo Nazionale di Castel Sant'Angelo?
7) A che ora c'è il concerto con musiche di Beethoven?
8) A che ora inizia il 1° spettacolo al cinema Ariston?

### PRIMA VISIONE

**ACADEMY HALL**
via Stamira 5
© 44237778   L. 12.000
(16.15-18.30-20.30-22.30)
**Moonlight & Valentino** di D. Anspaugh - commedia,C

**ADMIRAL**
p.za Verbano 5
© 8541195   L. 12.000
(16.15-18.30-20.30-22.30)
**I laureati** di G. Pieraccioni - brillante,C

**ADRIANO**
p.za Cavour 22
© 3211896   L. 12.000
(15.30-17.50-20.10-22.30)
■ **Viaggi di nozze** di C. Verdone - brillante,c

**ALCAZAR**
via Merry Del Val 14 (Trastevere)
© 5880099   L. 12.000
(16.30-18.30-20.30-22.30)
**I soliti sospetti** di B. Singer-thriller,C

**AMBASSADE**
via Accad. Agiati 57-59
© 5408901   L. 12.000
(15.30-17.50-20.10-22.30)
■ **Viaggi di nozze** di C. Verdone - brillante,c

**AMERICA**
via Natale del Grande 6
© 5816168   L. 12.000
(15.30-17.50-20.10-22.30)
■ **Viaggi di nozze** di C. Verdone - brillante,c

**APOLLO**
via Galla e Sidama 20
© 86206806   L. 12.000
(15.30-17.50-20.10-22.30)
**007 Goldeneye** di M. Campbell - avventuroso,C

**ARISTON**
via Cicerone 19
© 3212597   L. 12.000
(15.00-17.35-20.00-22.30)
♦ **Seven** di D. Fincher - poliziesco,C

**■ MUSEI VATICANI**
*Orario:* dal lunedì al venerdì 8.45-16; il sabato 8.45-13. *Giorno di chiusura:* domenica. *Ingresso:* lire 13000; l'ultima domenica del mese (8.45-13) ingresso gratuito. Viale Vaticano, tel. 69883333. Tutti i giorni (tranne mercoledì e festivi) visite guidate ai giardini su prenotazione ai numeri 69884466-69884866 L. 16.000.

**■ CALCOGRAFIA NAZIONALE**
*Orario:* 9-13. *Giorno di chiusura:* lunedì. *Ingresso:* gratuito. Via della Stamperia 6, tel. 6798958.

**■ GALLERIA BORGHESE**
*Orario:* 9-19. Domenica e festivi 9-13. *Giorno di chiusura:* lunedì. *Ingresso:* lire 4000. Piazza Scipione Borghese 5, tel. 8548577.

**■ MUSEO NAZIONALE DELLE ARTI E TRADIZIONI POPOLARI**
*Orario:* 9-14; domenica e festivi 9-13. *Ingresso:* lire 4000, libero sotto i 18 anni e sopra i 60. Piazza Marconi 10, tel. 5926148.

**■ MUSEO NAZIONALE DI CASTEL SANT'ANGELO**
*Orario:* tutti i giorni dalle 9 alle 13 anche festivi. *Ingresso* lire 8000; sotto i 18 e oltre i 60 gratuito. Telefono 6875036.

| K, | | 1575 | 2143 | 3189 | 2269 | 2145 | 1715 | 921 | 923 |
|---|---|---|---|---|---|---|---|---|---|
| | | 1 e 2 | 1 e 2 | 2 cl | 1 e 2 | 1 e 2 | 1 e 2 | 1 e 2 | 1 e 2 |
| ♦ | MILANO C. .......p | 16 30 | 16 05 | ... | ... | 17 55 | ... | 19 50 | 20 46 |
| | Milano P. Garibaldi .. | | | ... | ... | | ... | | |
| 72 | Piacenza ........ | | 16 50 | ... | ... | 18 48 | ... | | |
| 107 | Fidenza ........ | | 17 13 | ... | ... | 19 13 | ... | | |
| 129 | Parma ........ | | 17 27 | ... | ... | 19 27 | ... | | |
| 157 | Reggio Emilia .... | | 17 43 | ... | ... | 19 43 | ... | | |
| 182 | Modena ........ | | 17 58 | ... | ... | 19 57 | ... | | |
| 219 | BOLOGNA ..... {a | 18 32 | 18 22 | ... | ... | 20 20 | ... | 22 06 | 22 50 |
| | {p | 18 36 | 18 46 | ... | 20 00 | 20 37 | 21 48 | 22 11 | 22 57 |
| 264 | Forlì ........ a | 19 17 | 19 34 | ... | 20 41 | 21 25 | 22 31 | 22 57 | |
| 331 | Rimini ........ a | 19 52 | 20 09 | ... | 21 23 | 22 00 | 23 12 | 23 38 | 0 17 |
| 340 | Riccione ........ a | | 20 18 | ... | | 22 09 | | | |
| 349 | Cattolica ........ a | | 20 25 | ... | | 22 16 | | | |
| 364 | Pesaro ........ a | | 20 37 | ... | 21 46 | 22 28 | 22 35 | 0 02 | |
| 423 | Ancona ........ a | | 21 25 | 21 35 | 22 26 | 23 15 | 0 10 | 0 40 | 1 16 |
| 466 | Civitanova Marche .. a | | | 22 07 | 22 56 | | 0 40 | 1 12 | |
| 508 | S. Benedetto Tronto .. a | | | 22 37 | 23 26 | | 1 06 | 1 40 | |
| 532 | Giulianova ...... a | | | 22 55 | 23 42 | | 1 23 | 1 59 | |
| 569 | Pescara ........ a | | | 23 19 | 0 05 | | 1 50 | 2 24 | 2 45 |
| 659 | Termoli ........ a | | | | | | | | |
| 746 | Foggia ........ a | | | | | | 3 55 | 4 25 | 4 55 |
| 814 | Barletta ........ a | | | | | | 4 38 | 5 08 | |
| 869 | BARI ........ a | | | | | | 5 29 | 6 04 | 6 12 |
| – | Taranto ........ a | | | | | | | 8 22 | 8 20 |
| 980 | Brindisi ........ a | | | | | | | 8 03 | |
| 1018 | LECCE ........ a | | | | | | | 8 48 | |

### MUSICA

**ACCADEMIA FILARMONICA ROMANA SALA CASELLA**
via Flaminia 118
© 3201752
Alle ore 19.00 prima lezione-concerto di **Boris Porena**. Musiche di Beethoven. Biglietti alla Filarmonica ore 9.00-13.00/16.00-19.00

**ACCADEMIA NAZIONALE DI SANTA CECILIA**
Auditorio di
via della Conciliazione
© 68801044/6780742-3-4-5
Venerdì 15 alle ore 20.30 all'Auditorio di via della Conciliazione concerto dell'**Artis Quartet** per la stagione da camera dell'Accademia di S. Cecilia. In programma Haydn, Webern, Bewegt, Beethoven. Biglietti in vendita al botteghino dell'Auditorio domani e venerdì dalle 10 alle 13 e dalle 15 alle 18.

**A.GI.MUS ASS. GIOVANILE MUSICALE**
Via Dei Greci 18
©
Sabato ore 19.30 Aula Magna (P.za S. Agostino, 20/A, tel. 66013730) Duo violino - pianoforte. **Giovanni Galvani**, **Vittorio Rabagliati**. Musiche Tartini, Ravel, Strauss.

MARIO e VITTORIO CECCHI GORI presentano

**DEMI MOORE**

**GARY OLDMAN**

**ROBERT DUVALL**

# La Lettera Scarlatta

DOLBY STEREO   DISTRIBUZIONE WARNER BROS. ITALIA

**ORARIO SPETTACOLI:** 15.00 - 17.35 - 20.05 - 22.30
**ATLANTIC:** 15.00 - 17.30 - 20.00 - 22.30
**CIAK:** 15.45 - 18.00 - 20.15 - 22.30

ACCADEMIA FILARMONICA - SALA CASELLA
stasera alle ore 19
**La Sonata op. 106 di Beethoven**
La nascita del concerto di avanguardia in musica
lezione-concerto di **Boris Porena**
Biglietti alla Filarmonica ore 9-13 e 16-19 (tel. 3201752)

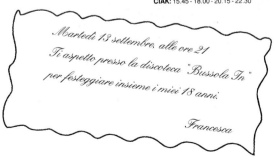

*Martedì 13 settembre, alle ore 21*
*Ti aspetto presso la discoteca "Bussola In"*
*per festeggiare insieme i miei 18 anni.*

*Francesca*

**267   Siena-M. Antico-Grosseto   266-267**

| K, | | 6901 feriale 2 cl. | 6865 feriale 2 cl. | 11751 feriale 2 cl. | 6863 2 cl. | 11761 feriale 2 cl. | 6875 feriale 2 cl. | 6889 2 cl. |
|---|---|---|---|---|---|---|---|---|
| ♦ | SIENA .......p | 5 03 | ... | ... | 12 50 | 13 50 | ... | 18 36 |
| 10 | Arbia .......... | ... | ... | ... | 12 58 | 13 59 | ... | 18 44 |
| 17 | Castelnuovo Berard. .. | 5 16 | ... | ... | 13 04 | 14 06 | ... | 18 50 |
| 30 | Asciano-M. Oliveto M. .. | 5 27 | ... | ... | 13 15 | 14 18 | ... | 19 01 |
| 32 | ASCIANO ..... {a | 5 30 | ... | ... | 13 19 | 14 22 | ... | 19 04 |
| | {p | ... | 6 05 | ... | 13 20 | ... | 14 28 | 19 12 |
| 40 | Trequanda ........ | ... | ... | ... | ... | ... | ... | ... |
| 45 | S. Giovanni d'Asso .. | ... | 6 16 | ... | 13 31 | ... | 14 39 | 19 23 |
| 53 | Torrenieri-Montalcino .. | ... | 6 24 | ... | 13 38 | ... | 14 47 | 19 30 |
| 65 | Monte Amiata ...... | ... | 6 38 | ... | 13 49 | ... | 15 06 | 19 40 |
| 77 | S. Angelo-Cinigiano .. | ... | 6 47 | ... | 13 58 | ... | 15 15 | 19 49 |
| | | ... | 6 53 | ... | 14 05 | ... | 15 22 | 19 56 |
| 83 | MONTE ANTICO .. {a | ... | ... | 7 05 | 14 10 | ... | ... | 19 57 |
| | {p | ... | ... | 7 12 | 14 17 | ... | ... | 20 04 |
| 92 | Civitella-Paganico .. | ... | ... | 7 19 | 14 27 | ... | ... | 20 13 |
| 100 | Roccastrada ........ | ... | ... | 7 27 | 14 35 | ... | ... | 20 23 |
| 108 | Sticciano ........ | ... | ... | 7 34 | 14 41 | ... | ... | 20 29 |
| 116 | MONTEPESCALI .. {a | ... | ... | 7 35 | 14 42 | ... | ... | 20 30 |
| | {p | ... | ... | 7 43 | 14 52 | ... | ... | 20 38 |
| 128 | GROSSETO ...... a | ... | ... | | | | | |

**7**

A

Ascoltate la conversazione telefonica e segnate con una X le azioni che fanno Francesca, Gianni e i bambini.

- Francesca dorme fino a tardi.
- I bambini vanno a scuola.
- Si svegliano tutti presto.
- I bambini vanno in bicicletta.
- I bambini giocano sul prato.
- Gianni gioca a tennis.
- Francesca guarda la televisione.
- Gianni va a pesca.
- Francesca e Gianni prendono il sole.
- Francesca legge un libro.

**8**

P

Fate domande e date risposte sugli impegni della settimana del signor Brunetti.

es.: A: Che cosa deve fare il sig. Brunetti alle 18 di Lunedì?
B: Deve prendere il treno per Milano

| LUNEDÌ: | ore 18 treno per Milano |
|---|---|
| MARTEDÌ: | ore 10 riunione Consiglio di Amministrazione<br>ore 20.30 cena di lavoro |
| MERCOLEDÌ: | ore 12 treno per Firenze |
| GIOVEDÌ: | ore 9.30 studio legale<br>ore 15 tennis con ing. Ferri |
| VENERDÌ: | ore 19 oculista |
| SABATO: | ore 7 partenza montagna |
| DOMENICA: | ore 21 rientro in città |

**9**

S

*Ora scrivete un breve testo e raccontate ciò che deve fare il sig. Brunetti durante la settimana.*

**10**

L

*Dopo aver eseguito l'esercizio 7 a pag. 110, riordinate le seguenti frasi in sequenza logica.*

1) Di pomeriggio i bambini giocano al sole mentre Francesca legge un libro.

2) Alloggiano in una tranquilla pensione con vista sul monti.

3) Qualche volta, dopo cena, Francesca e Gianni vanno in discoteca con gli amici ed i bambini vanno a dormire presto.

4) Francesca, il marito Gianni ed i due figli sono in vacanza in montagna.

5) La mattina partono tutti presto con la macchina, raggiungono dei loro amici ed insieme fanno lunghe passeggiate.

6) Gianni invece gioca a tennis, è un vero campione!

---

## In questa unità avete imparato a:

| | |
|---|---|
| – Parlare di azioni quotidiane. | – *Mi sveglio alle 7,30*<br>– *Vado al lavoro....* |
| – Chiedere e dire l'ora. | – *Che ora è / che ore sono?*<br>– *Sono le 5.30.* |
| – Fare commenti sul tempo atmosferico. | – *E' nuvoloso.*<br>– *C'è il sole.* |
| – Esprimere:<br>    – obbligo<br>    – consiglio<br>    – necessità<br>    – ipotesi | <br>– *Dovete studiare.*<br>– *Devi assaggiare questa torta.*<br>– *Devo sbrigarmi.*<br>– *Deve fare molto freddo fuori.* |

## *Scheda culturale*

## Il clima in Italia

L'Italia è situata nella zona temperata della Terra (fra il 46º e il 37º parallelo Nord) e perciò, nel suo complesso, gode di un clima temperato, cioè nei mesi freddi la temperatura scende di poco sotto lo zero, e, nei mesi caldi, essa raggiunge i 30º circa.

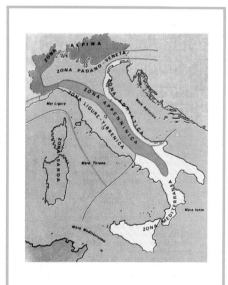

Ma l'Italia risente anche dell'influenza del mare che rende le regioni che bagna non troppo calde d'estate, né troppo fredde d'inverno.

Si possono distinguere sette zone climatiche italiane: l'alpina, l'appenninica, la padano-veneta, l'adriatica, la ligure-tirrenica, la mediterranea e la sarda. Il territorio compreso entro ciascuna di queste zone ha pressoché uguali la temperatura, la quantità e il tipo delle precipitazioni.

Il clima alpino, l'appenninico e quello padano-veneto sono di tipo continentale, cioè con inverni freddi e grandi differenze di temperatura tra il giorno e la notte e tra l'estate e l'inverno.

Il clima adriatico ha caratteristiche simili, ma è sicuramente più mite. Nella zona ligure-tirrenica gli inverni sono miti e le variazioni di tempertura tra il giorno e la notte sono ridotte; la piovosità è diversa da zona a zona. Il clima mediterraneo e quello sardo hanno infine caratteristiche analoghe con lunghe estati calde e asciutte.

| ZONE CLIMATICHE | INVERNI | ESTATI | VENTI | PIOGGIA | NEVE | TEMP. MEDIA ANNUA |
|---|---|---|---|---|---|---|
| 1 Alpina | Lunghi e assai rigidi | Brevi e fresche | Brezze di valle e di monte in primavera; Favonio da nord | Molto abbondante soprattutto estiva | Molto abbondante e dura a lungo | Bassa (10°) |
| 2 Appenninica | Rigidi | Calde | Tramontana da nord | Più abbondante a ovest | Notevole | Bassa in inverno (12°) |
| 3 Padano-veneta | Rigidi, lunghi e nebbiosi | Calde e temporalesche | Scarsi | Discreta e frequente | Frequente in inverno | Fresca (13°) |
| 4 Adriatica | Freddi | Calde | Bora da nord-est; Scirocco da sud-est | Abbondante | Discreta | Fresca (14°) |
| 5 Ligure-tirrenica | Miti | Calde ma non afose | Tramontana da nord; Libeccio da sud-ovest | Più modesta al centro | Scarsa | Piuttosto mite (15°) |
| 6 Sarda | Miti | Secche e calde | Maestrale nord-ovest | Modesta e rara nelle stagioni intermedie | Rara | Mite (16°) |
| 7 Mediterranea | Tiepidi | Secche e calde | Libeccio da sud-ovest. Scirocco da sud-est | Discreta, solo invernale | Rara | Assai mite (17°) |

*Per strada*

*Il Sig. Ferretti deve andare all'ufficio postale per spedire un telegramma. Chiede indicazioni ad un passante.*

| | |
|---|---|
| *Ferretti:* | Scusi, signora, devo andare all'ufficio postale, sa dirmi dov'è? |
| *Signora:* | Dunque...! Continui dritto e prenda la seconda strada a destra dopo il semaforo. Lì chieda di nuovo, non so se è nella terza o quarta traversa. |
| *Ferretti:* | Allora, dopo il semaforo la seconda a destra, vero? |
| *Sig.ra:* | Sì, esatto. |
| *Ferretti:* | Tante grazie, arrivederci. |
| *Sig.ra:* | Arrivederci. |
| | .................. |
| *Ferretti:* | Scusi, signore, per l'ufficio postale devo continuare dritto? |
| *Signore:* | No, non vada dritto; prenda la prima traversa a sinistra. L'ufficio postale è a 50 metri; ma cosa deve fare? |
| *Ferretti:* | Un telegramma. |
| *Sig.:* | Allora, non si fermi al primo ingresso, prosegua fino al secondo. |
| *Ferretti:* | Grazie. |

*All'ufficio postale.*

| | |
|---|---|
| *Ferretti:* | Scusi, per fare un telegramma? |
| *Impiegata:* | Deve riempire questo modulo. |
| *Ferretti:* | Posso prendere questa penna? |
| *Impiegata:* | No, non prenda quella, non scrive. Usi questa. |

*(Ferretti riempie il modulo e ritorna allo sportello)*

| | |
|---|---|
| *Ferretti:* | Per favore, sa dirmi se arriva domani mattina? |
| *Impiegato:* | A Rio? Credo di sì. Manca il suo codice postale: qual è? |
| *Ferretti:* | Ah sì: 00161 ... Quant'è? |
| *Impiegata:* | Una, due, tre ... mh sono 18 parole, 22.380 lire. |
| *Ferretti:* | Ecco, grazie. |

# Verifica

*Segnate con una X se le seguenti affermazioni sono vere, false o non date*

| | VERO | FALSO | NON DATO |
|---|:---:|:---:|:---:|
| 1) L'ufficio postale è al centro della città. | ❏ | ❏ | ❏ |
| 2) L'ufficio postale è dopo il semaforo. | ❏ | ❏ | ❏ |
| 3) Il sig. Ferretti deve prendere la prima traversa a destra. | ❏ | ❏ | ❏ |
| 4) L'ufficio postale ha due ingressi. | ❏ | ❏ | ❏ |
| 5) Il sig. Ferretti deve fare un telegramma. | ❏ | ❏ | ❏ |
| 6) Il sig. Ferretti manda un telegramma all'agenzia "Los Condes". | ❏ | ❏ | ❏ |
| 7) L'impiegata riempie il modulo. | ❏ | ❏ | ❏ |
| 8) L'impiegata conta le parole. | ❏ | ❏ | ❏ |

## Ampliamento lessicale

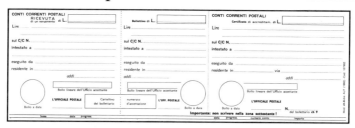

spedire
o
ritirare
- una lettera
- una raccomandata
- una cartolina
- un pacco
- un telegramma

spedire
o
incassare
- un vaglia

comprare
- francobolli
- marche da bollo

pagare
- bollette o
- tasse in conto corrente

fare un versamento sul
prelevare denaro dal
- libretto di risparmi

*rotatoria*

*strisce pedonali*

*fermata autobus*

*parcheggio*

*posteggio taxi*

*stazione autobus*

# Ampliamento lessicale

**3** *Posizione di un luogo o di un oggetto*

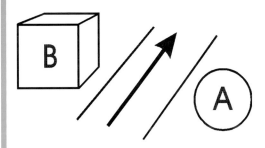

A è *a destra*
B è *a sinistra*

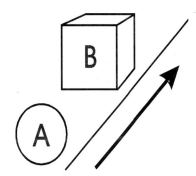

A è *prima* di B

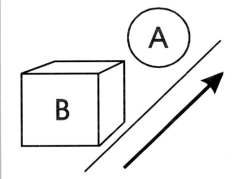

A è *dopo* B

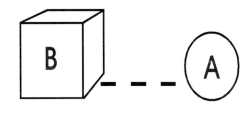

A è *lontano da* B

A è *dentro* B

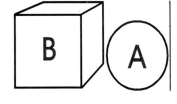

A è *fuori di* B

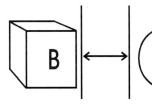

A è *di fronte a* B

# Uso della lingua

**1** *Indicazioni stradali*

Per chiedere informazioni stradali si usano le espressioni:

Scusi/
Per favore

dov'è ......?
sa
sai — dirmi dov'è ......?
per andare in ......?
per andare a ...... ?

☞ *Scusi/Per favore* servono per attirare l'attenzione di qualcuno.

Per rispondere e indicare un percorso si usa il verbo seguito da varie espressioni di luogo.

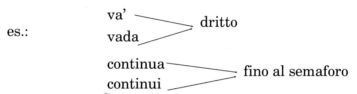

es.:

va'
vada — dritto

continua
continui — fino al semaforo

**2** *Il verbo SAPERE si usa:*

*da solo*
– significa "conoscere"
  es.: non so il tuo numero di telefono.

*con altro verbo*
– significa "essere capace"
  es.: sappiamo parlare italiano.
– serve per chiedere informazioni in modo gentile.
  es.: scusi, sa dirmi dov'è Valerio?

Notate le seguenti espressioni:

● Sapere d'aceto.
● Non sa di nulla.
● Che ne so (sappiamo/sai)?

● Avere un non so che di strano.
● Non voglio più saperne di lui.
● Lo so (sappiamo).

**3** *Individuazione della posizione di un luogo o di un oggetto*

es.: Dov'è la gomma?
   Nel cassetto a sinistra.

# Fonetica

## Il raddoppiamento delle consonanti

| d [d]: | dadi | nuda | sudato | sudicio |
| dd [dd]: | additare | Budda | suddetto | suddito |

| f [f]: | stufa | gufo | befana | profonda |
| ff [ff]: | stoffa | buffo | beffarda | affonda |

| g [g]: | lego | fuga | frigo | lega |
| gg [gg]: | leggo | fugga | friggo | legga |

| g [dʒ]: | agi | regio | agio | regia |
| gg [ddʒ]: | oggi | Reggio | maggio | reggia |

## Attività comunicative

**1** *Guardate la cartina e rispondete alle domande.*

P

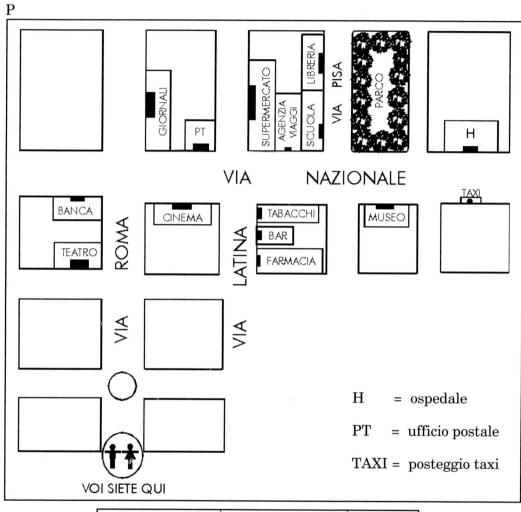

| | la banca<br>il parco<br>la farmacia<br>il cinema<br>il teatro<br>il bar<br>la scuola<br>il museo | |
|---|---|---|
| Dove si trova | | ? |

**2** Ascoltate le seguenti indicazioni stradali guardando i disegni e completate i mini-dialoghi.

A

A: Scusi, sa dov'è Via Po?

B: ..........

A: Scusi, può dirmi dov'è l'ufficio postale?

B: ..........

A: Mi scusi, dov'è il teatro Verdi?

B: ..........

A: Mi scusi, per andare alla stazione?

B: ..........

A: Scusa, dov'è l'ospedale?

B: ..........

A: Sai dov'è la fermata dell'autobus?

B: ..........

A: Scusa, per andare alla stazione degli autobus?

B: ..........

A: Sai dirmi dov'è un tabaccaio?

B: ..........

**3**

P

A - *Formate mini-dialoghi, utilizzando la tabella.*

es.: Ospedale/ prendere/prima a destra

A: Scusi, sa dirmi dov'è l'ospedale?
B: Prenda la prima a destra.

| | | |
|---|---|---|
| teatro<br>giornalaio<br>museo<br>libreria<br>agenzia di<br>  viaggi | proseguire<br>girare<br>attraversare<br>continuare<br>andare | semaforo<br>sinistra<br>parco<br>incrocio<br>sempre dritto |

B - *Ora ripetete lo stesso esercizio in una situazione informale.*

es.: A: Scusa, sai dirmi dov'è l'ospedale?
B: Prendi la prima a destra.

**4**

P

*Guardate la cartina a pag. 120. A turno chiedete le indicazioni strada-li nelle seguenti situazioni e rispondete.*

1) Siete all'ufficio postale e dovete andare al supermercato.

2) Siete in farmacia e dovete andare al museo.

3) Siete davanti alla banca e dovete andare al parco.

4) Siete di fronte all'ospedale e dovete andare al teatro.

5) Siete al semaforo di Via Roma e dovete andare al bar di Via Latina.

| **5** | *Leggete queste informazioni e scrivete poi i nomi dei negozi e dei luoghi segnati sulla piantina.* |

L

1 – Luca ha fame, può comprare qualcosa da mangiare e da bere all'angolo tra via Bellini e Corso Verdi.

2 – Lucia vuole andare a fare un viaggio all'estero, per informarsi va in via Rossini.

3 – Marco vuole comprare un quotidiano, va in via Mascagni angolo via Vivaldi.

4 – Giorgio ha la macchina rotta. La porta in via Vivaldi per farla riparare.

5 – Gino vuole comprare un libro e va in via Cherubini.

6 – Laura ha mal di testa e ha bisogno di aspirine. Va in via Puccini.

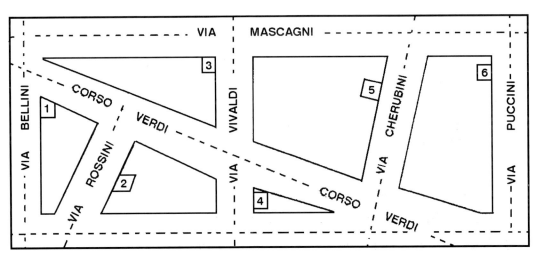

N. 1 è ........    N. 4 è ..........

N. 2 è ........    N. 5 è ..........

N. 3 è ........    N. 6 è ..........

**6**

P

*Lavorate a coppia. Lo studente A pensa a un luogo e da' le indicazioni per farci arrivare lo studente B. Questi segue il percorso sulla cartina e alla fine dice dove si trova. Se il luogo è quello giusto, scambiate i ruoli.*

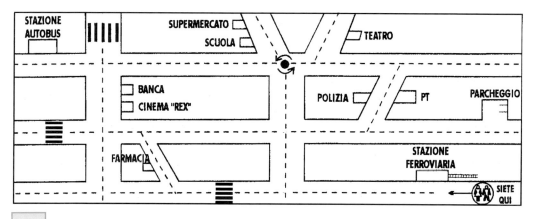

**7**

P

**Guardate le figure. A turno fate domande e rispondete.**

es. A: Dov'è la fermata dell'autobus?
    B: Di fronte alla farmacia.

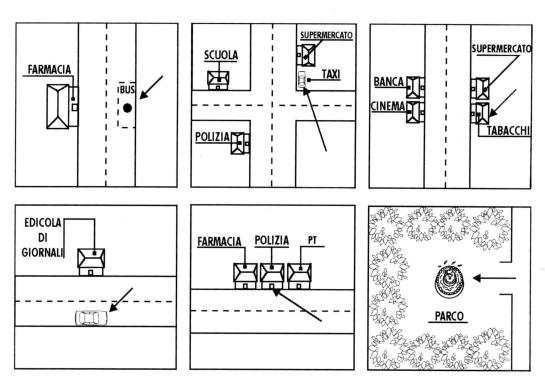

**8**   *Leggete il brano.*

L

A   *Segnate sulla cartina il percorso indicato da una accompagnatrice turistica.*

B   *Rispondete alle domande.*
   – Perché è famoso il Foro Romano?
   – Dove è il palazzo dei Senatori?
   *(Partenza da Piazza del Colosseo).*

Prendiamo via dei Fori Imperiali, sulla sinistra troviamo il famoso Foro Romano, dove possiamo ammirare i resti del centro dell'antica Roma. Alla fine dei Fori giriamo a sinistra per via S. Pietro in Carcere che ci porta a Piazza del Campidoglio, dove è il palazzo dei Senatori, sede attuale del Consiglio Comunale della città. Da qui scendiamo per via del Teatro Marcello e ci troviamo a Piazza Venezia. Sulla destra c'è il monumento a Vittorio Emanuele II.

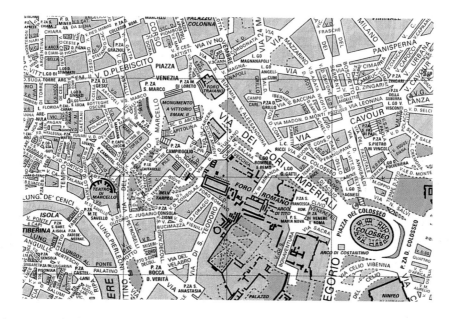

**9**   *Immaginate di fare da guida a un amico che è venuto a visitare la vostra città.*

S

A   *Fate una lista dei luoghi interessanti da visitare.*

B   *Disegnate una cartina del luogo.*

C   *Preparate un giro turistico a piedi per visitare i luoghi più famosi.*

*Potete prendere come modello il testo dell'esercizio 8.*

| 10 |

*Completate il dialogo:*

S

A: .............................................

B: Un'agenzia di viaggio? Sì, è in via Giusti. Vada dritto e prenda la prima
a sinistra dopo il quarto semaforo.

A: .............................................

B: No, non è molto lontano; forse sette, ottocento metri.

A: .............................................

B: Sì, può prendere il 34.

A: .............................................

B: La fermata è qui all'angolo.

A: .............................................

B: Prego.

## In questa unità avete imparato a:

| | |
|---|---|
| – Chiedere e dare indicazioni stradali. | – *Dov'è .....?* |
| | – *Prenda la prima traversa* |
| – Attirare l'attenzione di qualcuno. | – *Scusi / Per favore .....?* |
| – Chiedere informazioni. | – *Sa dirmi dov'è.......?* |
| – Individuare la posizione di luoghi e oggetti. | – *Dov'è la farmacia?*<br>– *E' dopo il cinema.* |

## Scheda culturale

### Banca

Se dovete cambiare del denaro, depositarlo sul conto corrente o prelevarlo, oppure cambiare un assegno o investire i risparmi, potete andare in banca. Molte banche sono aperte al pubblico dal lunedì al venerdì la mattina dalle 8,30 alle 13,30 e il pomeriggio dalle 15 alle 16.

### Sanità

Il servizio sanitario italiano è articolato in strutture pubbliche, le U.S.L. (Unità sanitarie locali) con ospedali, consultori, cliniche, case di cura e ambulatori. Gli ospedali e le cliniche forniscono un servizio di pronto soccorso e di ambulanza per i casi urgenti.

Sos  113
112

Per avere un soccorso pubblico di emergenza in caso di pericolo o di grave necessità, basta telefonare al 113. Il numero 112 invece serve per chiamare i carabinieri.

**SOCCORSO PUBBLICO DI EMERGENZA**
Nell'interesse di tutti, è consigliabile ricorrere a questo numero soltanto in caso di reale e incombente pericolo alle persone o di gravi calamità e qualora non sia possibile chiamare i diversi enti direttamente interessati.

113

**CARABINIERI**
Pronto intervento

112

*Al telefono*

*Squilla il telefono in casa Conti.*

| | |
|---|---|
| *Fabio:* | Pronto? |
| *Piera:* | Pronto? Sono Piera. Posso parlare con Carla? |
| *Fabio:* | Sì, un momento prego. |
| | Mamma! E' per te. |
| *Carla:* | Ciao Piera, come va? |
| *Piera:* | Bene grazie. Senti, c'è Laura con me; stiamo uscendo per andare al cinema. Vuoi venire anche tu? |
| *Carla:* | Mi dispiace, ma oggi non ho tempo. Sto lavorando, devo finire una relazione. Luigi mi sta aiutando. Poi... esco con lui. |
| *Piera:* | Certo, Luigi è sempre così disponibile! Giovanni, invece... Sai cosa sta facendo ora? Sta dormendo |
| *Carla:* | Non viene con te? |
| *Piera:* | No, è stanco; lui esce solo il sabato e la domenica. A proposito, cosa avete in programma per il prossimo fine settimana? |
| *Carla:* | Andiamo in montagna con i Serafini. Perché non venite anche voi? Potete stare da noi. |

| | |
|---|---|
| *Piera:* | Oh, volentieri, ti ringrazio; sento Giovanni. Quando partite? |
| *Carla:* | Sabato mattina alle 10. |
| *Piera:* | E lì cosa fate di bello? |
| *Carla:* | Beh, il pomeriggio facciamo un torneo di tennis con i Serafini. Domenica mattina usciamo con loro; nel pomeriggio possiamo andare a visitare una mostra di artigianato in paese. |
| *Piera:* | Mh, interessante. Allora se Giovanni è d'accordo, dove ci incontriamo? |
| *Carla:* | Ci possiamo vedere davanti alla cattedrale. |
| *Piera:* | Perché non venite a casa mia? Possiamo prendere un caffè insieme prima della partenza. |
| *Carla:* | Benissimo, allora sabato alle 9,30 da voi. |

# Verifica

*Rispondete alle seguenti domande.*

1) Piera telefona a Carla. Chi risponde al telefono?
2) Chi è con Piera?
3) Come si chiama la persona che sta aiutando Carla?
4) Perché Carla non può uscire?
5) Cosa sta facendo Giovanni? Perché?
6) Dove va Carla il prossimo fine settimana?
7) Quando parte?
8) Cosa fa sabato pomeriggio?
9) E domenica pomeriggio?
10) Dove si incontrano Carla e Piera sabato mattina?

## Ampliamento lessicale

**1** *Dove andare in vacanza*

*mare*

– in montagna
– al mare
– in collina/in campagna
– all'estero

*montagna*

*campagna*

**2** *Dove alloggiare*

*residence*

– in albergo
– in pensione
– in un ostello
– in un villaggio turistico
– in campeggio
– in un residence

*campeggio*

*albergo*

**3** *Sistemazione*

– in camera singola/doppia
          con/senza bagno
– in un appartamento con 1/2/3/4 letti

☛ Prenotare una camera/un appartamento

*camera da letto*

**4** *Servizi e tempo libero*

| | | | |
|---|---|---|---|
| – cinema | – discoteche | – mostre | – ristoranti |
| – teatro | – concerti | – musei | – bar |
| | | | – sport |

## Uso della lingua

**1** *Per fare proposte, dare suggerimenti e consigli, per accettarli o rifiutarli si usano varie espressioni.*

| Proporre/Suggerire/Consigliare | | Accettare/Rifiutare |
|---|---|---|
| Facciamo una passeggiata!<br>Perché non facciamo ....?<br>Ti va di fare ...? | chi parla<br>partecipa<br>all'azione | Volentieri<br>Benissimo<br>Sì, è una buona idea<br>D'accordo |
| Fai/fate/faccia ...<br>Perché non fai/fate/fa ...?<br>Non fare/non faccia | chi parla non<br>partecipa<br>all'azione | Non mi va ....<br>No, preferisco .... |

Il verbo, naturalmente, cambia nelle varie situazioni.

**2** *Per invitare qualcuno, per accettare o rifiutare inviti si usano le seguenti espressioni.*

| Invitare | Accettare | Rifiutare* |
|---|---|---|
| Vuoi (venire con me)?<br>Perché non (vieni) anche tu?<br>Vieni da me per un tè!<br>Che ne dici (di venire a<br>   pranzo da me)?<br><br>Vuole ......?<br>Perché non viene ...?<br>Venga ...! | Sì, grazie<br>D'accordo<br>Va benissimo<br>Grazie, sei<br>   molto gentile<br>E' una buona<br>   idea<br>Con piacere<br>Perché no?<br>Volentieri | Grazie, ma non<br>   posso...<br>No, grazie ...<br>Mi piacerebbe, ma...<br>Grazie per l'invito<br>   ma purtroppo<br>   non posso accettarlo<br>   (spiegare il motivo) |

\* È buona educazione dare una spiegazione.

**3** Per chiedere e dare informazioni sui progetti per il futuro in italiano, molto spesso, si usa il verbo al presente.

| Per chiedere | Per rispondere |
|---|---|
| Che cosa fai ... (domenica prossima)? <br> Dove vai ... (la prossima settimana)? <br> Dove vai in vacanza ...(quest'anno)? | – penso di ... <br> – ho intenzione di ... <br> – voglio ... |

**4** Per prendere accordi si usano varie espressioni.

A: Dove ci incontriamo?
B: Ci possiamo vedere davanti alla cattedrale.

A: A che ora andiamo dal parrucchiere?
B: Alle 10, va bene?

**5** Espressioni che si usano al telefono.

A  B

– Pronto? Chi parla?

– Sono Gino, posso parlare con Fabio?

– Mi dispiace, ha sbagliato numero.

– Pronto? Casa Conti?

– Pronto?

– Sì. Chi parla?

– Sono Gino. Può passarmi Fabio?

– Un momento, lo chiamo subito.
– Attenda, prego.
– Mi dispiace, non è in casa.
– Vuole lasciare un messaggio?

☞ In italiano non c'è una regola precisa per dire i numeri telefonici.

# Fonetica

## Il raddoppiamento delle consonanti

| | | | | |
|---|---|---|---|---|
| l [l]: | pala | ala | anelo | vale |
| ll [ll]: | palla | alla | anello | valle |
| | | | | |
| m [m]: | ama | mimo | camino | soma |
| mm [mm]: | mamma | Mimmo | cammino | somma |
| | | | | |
| n [n]: | nono | tono | vano | dono |
| nn [nn]: | nonno | tonno | vanno | donna |
| | | | | |
| p [p]: | capelli | copia | papa | copio |
| pp [pp] : | cappelli | coppia | pappa | oppio |

**1**

P

Formate 6 mini-dialoghi. Lo studente A fa una proposta, lo studente B non è d'accordo e propone un'altra cosa.

es.: A: Andiamo al mare!
B: No, andiamo in montagna.

Potete utilizzare le seguenti azioni:

– vedere la televisione          – prendere l'autobus          – studiare storia
– giocare a pallone              – andare a piedi              – andare al bar

**2**

P

 - Date consigli o suggerimenti ad un amico che dice:

1) Ho mal di testa.
2) Ho sete.
3) Sono debole. Non mangio da cinque ore.
4) Non ho voglia di andare all'estero.
5) Esco con Gina questa sera. Ma è così antipatica!
6) Non mi va di andare in campeggio quest'anno!

B - Ora date gli stessi consigli o suggerimenti in una situazione formale.

**3**

P

Scegliete 5 di queste azioni.

1) Andare a cena fuori.
2) Andare in campagna.
3) Andare a teatro.
4) Andare a cena da ....
5) Fare una passeggiata.
6) Andare in discoteca.
7) Giocare a tennis/ a carte/ a pallone.
8) Aiutare qualcuno in cucina.

Formate mini-dialoghi. A turno formulate inviti, accettate, e se rifiutate date una spiegazione.

es.: A: Vuoi giocare a carte?
B: Benissimo.

oppure

No, grazie, sono un po' stanco.

**4**    *Luca telefona a Maria per proporle di fare qualcosa.*

S

Luca:    Pronto, Maria? Ti va di giocare a tennis questa sera?
Maria:  Sì certo. Dove giochiamo?
Luca:    Al Paris club.
Maria:  Dove ci incontriamo e a che ora?
Luca:    Sotto casa tua, alle 8.

*Scrivete tre dialoghi simili servendovi di queste informazioni.*

|  | Giorgio/Paola | Franco/Lucia | Leo/Monica |
|---|---|---|---|
| Proposta | andare in discoteca | fare una passeggiata | vedere una mostra |
| Dove | discoteca "Il Paradiso" | in campagna | museo Venezia |
| Quando | sabato | giovedì pomeriggio | domenica mattina |
| Luogo dell'appuntamento | via Roma vicino alla banca | davanti al cinema Rex | capolinea del 90 |
| Ora | 22 | 18 | 10 |

**5**    *Costruite un dialogo. Seguite le indicazioni.*

S

| A | B |
|---|---|
| Dice che ha fame. Suggerisce di andare a mangiare una pizza | E' d'accordo. Ha fame e sete anche lui. |
| Propone di andare da "Gino" | Non è d'accordo perché c'è sempre molta gente. Propone "Il Gufo" |
| E' d'accordo. Suggerisce di prendere l'autobus. | Piove; preferisce prendere un taxi |
| E' d'accordo. |  |

**6**    *Formate 5 mini-dialoghi scegliendo tra gli spettacoli in programma.*

P

es.: A: Cosa fai domenica pomeriggio?
B: Penso di andare al cinema.
A: Cosa c'è di interessante da vedere?
B: "Prima della Pioggia"
A: Dove lo danno?
B: Al Greenwich.

| | | | |
|---|---|---|---|
| **FARNESE** <br> p.za Campo de' Fiori 56 <br> ✆ 6864395   L. 10.000 <br> (16.40-18.35-20.30-22.30) | ■ **Priscilla, la regina del deserto** di S. Elliott - brillante,C | **RIALTO**   • <br> via IV Novembre 156 <br> ✆ 6790763   L. 10.000 <br> (16.00-22.30) | ◆ **La bella vita** di P. Virzì - commedia,C |
| **FIAMMA 1** <br> via Bissolati 47 <br> ✆ 4827100   L. 10.000 <br> (15.45-19.45-22.30) | ★ **Forrest Gump** di R. Zemeckis - commedia,C | **RITZ** <br> viale Somalia 109 <br> ✆ 86205683   L. 10.000 <br> (15.30-17.50-20.10-22.30) | **Lo specialista** di L. Llosa - avventuroso,C |
| **FIAMMA 2** <br> via Bissolati 47 <br> ✆ 4827100   L. 10.000 <br> (16.30-18.30-20.30-22.30) | ■ **Priscilla, la regina del deserto** di S. Elliott - brillante,C | **RIVOLI** <br> via Lombardia 23 <br> ✆ 4880883   L. 10.000 <br> (15.10-17.30-20.00-22.30) | **Viaggio in Inghilterra** di R. Attenborough - commedia,C |
| **GARDEN** <br> v.le Trastevere 246 <br> ✆ 5812848   L. 10.000 <br> (15.45-18.10-20.20-22.30) | **Il mostro** di R. Benigni - comico,C | **ROUGE ET NOIR** <br> via Salaria 31 <br> ✆ 8554305   L. 10.000 <br> (16.00-18.10-20.15-22.30) | **Inviati molto speciali** di C. Shyer - commedia,C |
| **GIOIELLO** <br> via Nomentana 43 <br> ✆ 44250299   L. 10.000 <br> (15.30-18.00-20.15-22.30) | ★ **Lamerica** di G. Amelio - drammatico,C | **ROYAL** <br> via E. Filiberto 175 <br> ✆ 70474549   L. 10.000 <br> (15.30-17.50-20.10-22.30) | **Lo specialista** di L. Llosa - avventuroso,C |
| **GIULIO CESARE SALA 1** <br> viale Giulio Cesare 229 <br> ✆ 39720877   L. 10.000 <br> (16.30-19.30-22.30) | ★ **Forrest Gump** di R. Zemeckis - commedia,C | **SALA UMBERTO LUCE** <br> via della Mercede 50 <br> ✆ 6794753   L. 10.000 <br> (16.00-18.10-20.20-22.30) | ■ **Fragola e cioccolato** di T. G. Alea e J. C. Tabio-commedia,C |
| **GIULIO CESARE SALA 2** <br> viale Giulio Cesare 229 <br> ✆ 39720877   L. 10.000 <br> (15.00-17.30-20.00-22.30) | **Il mostro** di R. Benigni - comico,C | **SAVOY SALA 1** <br> via Bergamo 25 <br> ✆ 85300948   L. 10.000 <br> (15.30-17.10-19.00-20.40-22.30) | **The Flintstones** di B. Levant - comico,C |
| **GIULIO CESARE SALA 3** <br> viale Giulio Cesare 229 <br> ✆ 39720877   L. 10.000 <br> (15.00-17.30-20.00-22.30) | **The Flintstones** di B. Levant - comico,C | **SAVOY SALA 2** <br> via Bergamo 25 <br> ✆ 8541498   L. 10.000 <br> (15.30-17.50-20.10-22.30) | ◆ **Quattro matrimoni e un funerale** di M. Newell - commedia,C |
| **GOLDEN** <br> via Taranto 36 <br> ✆ 70496602   L. 10.000 <br> (15.30-17.50-20.05-22.30) | ■ **Il postino** di M. Radford - commedia,C | **SAVOY SALA 3** <br> via Bergamo 25 <br> ✆ 8541498   L. 10.000 <br> (16.30-18.30-20.30-22.30) | ◆ **Il corvo** di A. Proyas - horror,C |
| **GREENWICH 1** <br> via G. Bodoni 59 <br> ✆ 5745825   L. 10.000 <br> (16.00-18.10-20.20-22.30) | ★ **Prima della pioggia** di M. Manchevski - drammatico,C | **TIFFANY** <br> via A. De Pretis 11 <br> ✆ 462390   L. 5.000 <br> (16.00-22.30) | *Film per adulti* |
| **GREENWICH 2** <br> via G. Bodoni 59 <br> ✆ 5745825   L. 10.000 <br> (16.00-18.10-20.20-22.30) | ■ **Fragola e cioccolato** di T. G. Alea e J. C. Tabio-commedia,C | **UNIVERSAL** <br> via Bari 18 <br> ✆ 44231216   L. 10.000 <br> (16.00-19.30-22.30) | ★ **Pulp Fiction** di Q. Tarantino - drammatico,C,V18 |

**7**  - *Ascoltate la conversazione telefonica e riempite la tabella*

A

| | |
|---|---|
| Titolo del film | |
| Cinema | |
| Orario dello spettacolo | |
| Dove si incontrano | |

**B** - *Ora riascoltate il dialogo più volte e rispondete alle seguenti domande:*

1) Come si chiama chi fa la telefonata? E chi la riceve?

2) Quale di questi è il significato giusto di "sono un po' giù di corda"?

        a – sto un po' meglio
        b – sono poco allegro
        c – voglio divertirmi

3) Franca è d'accordo con la proposta di andare al cinema?
Cosa dice?

4) Chi è il regista del film?

5) Roberto va a prendere Franca a casa sua?

6) Perché Franca gli chiede di incontrarsi ad un bar invece di andarla a prendere a casa?

**8**   A   - *Fate delle conversazioni telefoniche secondo le situazioni.*

P

1) Telefonate a Luigi per invitarlo ad una festa.
   Risponde la mamma e lo chiama.
2) Telefonate al centralino dell'ospedale e chiedete del dott. Rossi.
3) Telefonate in palestra e chiedete l'orario del corso di ginnastica.
4) Telefonate ad una vostra amica in ufficio: non c'è. La segretaria vi
   chiede di lasciare un messaggio.
5) Telefonate in banca e sbagliate numero.

B   - *Ora scrivete le conversazioni.*

1. A ....................................
   B ....................................

2. A ....................................
   B ....................................

3. A ....................................
   B ....................................

4. A ....................................
   B ....................................

5. A ....................................
   B ....................................

**9** Siete a Rimini. Un amico viene a trovarvi per il fine settimana. Leggete le seguenti informazioni e scrivete un itinerario turistico.

L

# *Le città d'arte*

Non di solo mare. Una vacanza a Rimini vuol dire avere l'imbarazzo della scelta per trascorrere piacevolmente la giornata effettuando gite ed escursioni in alcune delle più belle città d'arte d'Italia. Ne suggeriamo alcune, «à la carte»...

### Gradara

A 25 chilometri da Rimini. È un classico borgo antico cinto da mura merlate e munito di alte torri. Un poderoso castello completa il centro medievale. La Rocca è a forma quadrilatera e risale all'inizio del secolo XIII. Una leggenda dice che a Gradara si consumò la tragedia d'amore di Paolo e Francesca...

### San Leo

A 33 chilometri da Rimini ed a pochi chilometri da San Marino, sorge su di un immenso masso roccioso, a 630 metri sul livello del mare. Fortificazione romana del III secolo a.C., San Leo si sviluppò in un borgo. Da visitare la Pieve (sec. VIII), il Duomo (del 1173), la Rocca (sec. XIV) dove morì Cagliostro.

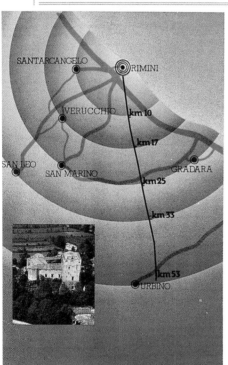

### Escursioni

Rimini, grazie alla sua posizione, consente con piccoli spostamenti di poter raggiungere località di grande interesse artistico, storico e paesaggistico. In mezza giornata si possono visitare comodamente la Repubblica di San Marino, San Leo, Gradara, Urbino, Gubbio, Frasassi, Ravenna, Faenza, Bologna, ecc. In una giornata possono essere visitate importanti città come Venezia, Firenze, Perugia, Assisi, Loreto, Padova, ecc.

### Urbino

A 53 chilometri da Rimini, è una delle più importanti città-museo d'Italia. I suoi Signori, i Montefeltro, furono grandi mecenati, ed attirarono alla loro corte i più grandi artisti del Rinascimento e le loro opere. Vi si possono ammirare lo splendido Palazzo Ducale e capolavori di Raffaello, di Piero della Francesca, di Melozzo da Forlì, di Paolo Uccello, di Gentile da Fabriano e altri.

### San Marino

In 25 chilometri siamo all'estero: 750 metri di altezza, 63.000 metri quadrati di estensione: è fra i più piccoli ed il più antico Stato Sovrano del mondo. È posto sul Monte Titano e si staglia nel cielo di Romagna con il profilo delle sue tre torri simbolo della Repubblica. Da visitare: il Museo delle Armi Antiche; il Palazzo Valloni; il Palazzo del Governo ed il Parlamento: il Pianello.

**10** Leggete il testo di questi due spettacoli teatrali e rispondete alle domande.

L

### La Medea di Portamedina

teatro e regia di Armando Pugliese. Con: Lina Sastri.

*Lina Sastri ed il regista Armando Pugliese tornano a lavorare insieme, dopo il fortunato "Masaniello" di alcuni anni fa, in questo straordinario allestimento che prevede 51 personaggi interpretati da 19 attori, otto cambi di scena a vista, 52 costumi e le musiche originali di Antonio Sinagra registrate con un'orchestra di 30 elementi, un coro di 16 voci bianche e di 16 coristi. Liberamente ispirata al romanzo di Francesco Mastriani, la commedia con musiche in due tempi di Pugliese prende spunto da un caso di cronaca, ambientato a Napoli negli anni che precedono la rivoluzione giacobina del 1799.*

**NAZIONALE, via del Viminale 51, tel. 485498-4870614, da martedì 23.**

### La casa al mare
*di Vincenzo Cerami.*

Con: Luca De Filippo, Lello Arena e Tosca d'Aquino. Regia di Luca De Filippo.

*Secondo Vincenzo Cerami nessun'altra epoca, come questa, è popolata da personaggi di Gogol, Dostojevskij, Faulkner e O'Connor, uomini umili, frustrati, sognatori condannati all'anonimato. Luca De Filippo è Corrado, un bellimbusto parassita e donnaiolo che sconvolge l'esistenza di Luigi piombandogli in casa, mentre quello è in crisi per la fuga della moglie.*

**VALLE**, via del Teatro Valle 23/a tel. 6543794. Botteghino: 10-19. Martedì, mercoledì, venerdì e sabato alle 21; giovedì alle 17; domenica alle 17,30; lunedì riposo. **Fino al 28 aprile.**

1) Chi è l'interprete di "La Medea di Portamedina"?

2) Quanti attori prendono parte allo spettacolo?

3) Chi è l'autore delle musiche?

4) In quanti tempi è lo spettacolo?

5) La commedia racconta un fatto di cronaca. Dove è avvenuto?

6) In quale teatro è rappresentata?

7) Chi è il regista di "La Casa al mare"?

8) Chi è protagonista della commedia?

9) In quale teatro danno "La Casa al mare"?

10) A che ora è lo spettacolo il giovedì?

### In questa unità avete imparato a:

— Proporre/Suggerire di fare qualcosa.

— *Facciamo una passeggiata?*

— Accettare/Rifiutare.

— *Volentieri /*
— *No, grazie, non mi va.*

— Consigliare di fare qualcosa.

— *Se hai mal di testa,*
*prendi un'aspirina.*

— Invitare qualcuno.

— *Vieni da me per un caffè?*

— Accettare/Rifiutare.

— *Con piacere / Grazie, ma*
*non posso.*

— Fare progetti.

— *Cosa fai domenica?*
— *Penso di andare a Firenze.*

— Prendere accordi.

— *Dove ci incontriamo?*
— *Ci possiamo vedere davanti*
*alla cattedrale.*

— Telefonare/Rispondere
al telefono.

— *Pronto? Sei tu, Maria?*
— *Sì, ciao Fabio. Come va?*

## Scheda culturale

# Gli italiani in vacanza

Le vacanze degli italiani si concentrano in alcuni periodi dell'anno: in estate il mese preferito è agosto, in inverno il periodo natalizio e in primavera quello di Pasqua. Questi periodi coincidono con la chiusura delle scuole, e a questo, in agosto, si aggiunge la sospensione di molte attività lavorative (industrie, fabbriche e negozi). In estate i luoghi più frequentati sono il mare e la montagna. Poiché sono sempre più numerosi gli italiani che ricercano il mare non inquinato, le mete più ambite sono le isole e le coste meridionali che ancora offrono paesaggi incontaminati. Per la

montagna si prediligono le zone dell'Italia del nord, come la Valle d'Aosta e le Dolomiti, ma negli ultimi anni è aumentato il turismo in molti paesi situati nell'appennino centro-settentrionale. Il recente sviluppo dell'agriturismo, inoltre, ha incrementato le presenze in campagna e nelle zone collinari.

Naturalmente lo spostamento di un gran numero di persone e quindi di automobili nello stesso periodo porta ad un intasamento delle vie di comunicazione con conseguenti file e ingorghi. Anche coloro che viaggiano in treno o in aereo vanno incontro a molti disagi, quali il sovraffollamento, le lunghe attese e i ritardi. I traghetti per le isole sono presi d'assalto durante l'estate così, ad esempio, coloro che pensano di volere trascorrere un periodo in Sardegna devono prenotare qualche mese prima.

*Un'intervista*

| | |
|---|---|
| *Intervistatore:* | Buon giorno signora, siamo della Publitel e stiamo facendo una indagine sugli italiani e il tempo libero. <br> Le dispiace rispondere ad alcune domande? E' questione di pochi minuti. |
| *Signora:* | Va bene. |
| *Intervistatore:* | Cosa fa di solito il sabato e la domenica? |
| *Signora:* | Quando posso vado fuori città con mio marito. |
| *Intervistatore:* | Al mare, in campagna o in montagna? |
| *Signora:* | Spesso andiamo in campagna perché ci piace fare lunghe passeggiate. |
| *Intervistatore:* | E durante la settimana, come passa il suo tempo libero? <br> Le piace fare sport o preferisce fare altro? |
| *Signora:* | Non ho molto tempo libero, e quindi, spesso non me la sento di uscire; quando, invece, ho tempo mi piace fare uno sport. |
| *Intervistatore:* | Che tipo di sport? |
| *Signora:* | Qualche volta gioco a tennis con un collega. |
| *Intervistatore:* | La ringrazio signora, molto gentile. |
| *Signora:* | Di niente, arrivederla. |

| Intervistatore: | Scusi, sono della Publitel. Posso farle qualche domanda sul suo tempo libero? |
|---|---|
| Signore: | A dir la verità ho poco tempo libero; comunque, mi dica. |
| Intervistatore: | Come trascorre il fine settimana? |
| Signore: | Resto quasi sempre a casa. |
| Intervistatore: | E cosa fa? |
| Signore: | Mi piace fare piccoli lavori e co-struire oggetti per la casa, sono un fanatico del "fai da te". |
| Intervistatore: | E cosa fa durante la settimana? |
| Signore: | ... ma ... veramente ... rientro tardi dal lavoro e non mi va di uscire di nuovo. |
| Intervistatore: | Cosa fa allora? |
| Signore: | Mi piace leggere. |
| Intervistatore: | Cosa legge di solito? |
| Signore: | Mi piacciono i gialli e a volte leggo alcune riviste. |
| Intervistatore: | La ringrazio, arrivederla. |
| Signore: | Arrivederla. |

# Verifica

*Come passano il tempo libero i due intervistati? Segnate con D le risposte della signora e con U quelle del signore.*

|  | D | U |  |
|---|---|---|---|
| A) come passa il fine settimana? | ❑ | ❑ | sto a casa |
|  | ❑ | ❑ | esco |
|  | ❑ | ❑ | vado fuori città |
| B) se va fuori città, dove va? | ❑ | ❑ | vado al mare |
|  | ❑ | ❑ | vado in montagna |
|  | ❑ | ❑ | vado in campagna |
| C) se resta a casa, cosa fa? | ❑ | ❑ | guardo la TV |
|  | ❑ | ❑ | faccio piccoli lavori |
|  | ❑ | ❑ | leggo |
|  | ❑ | ❑ | cucino |
|  | ❑ | ❑ | ascolto musica |
| D) quando esce, cosa fa? | ❑ | ❑ | faccio spese |
|  | ❑ | ❑ | vado al cinema |
|  | ❑ | ❑ | faccio sport |
|  | ❑ | ❑ | vado a cena fuori |
|  | ❑ | ❑ | vado da amici |

## Ampliamento lessicale

**1** *Passatempi*

- guardare la TV
- ascoltare la musica
- suonare la chitarra
- fare piccoli lavori
- curare le piante
- fare giardinaggio
- fare fotografie
- fare collezioni
- fare spese
- fare passeggiate
- andare in bicicletta
- cucinare
- andare a teatro/cinema
- andare a cena fuori
- andare ad una mostra
- andare in campagna/
  al mare/in montagna/
  in città/fuori città

**2** *Sport*

tennis/pallavolo/pallacanestro/calcio (giocare a)
nuoto (nuotare)
ginnastica (fare)
sci (sciare)
pattinaggio (pattinare)

# Uso della lingua

**1** *Per parlare dei gusti e delle preferenze si usano le espressioni:*

Mi è indifferente.
Mi piace / non mi piace.
Mi va / non mi va (informale).

es.: – Fare questa o quella cosa mi è indifferente.
    – Mi piacciono le opere di Puccini.
    – Ti piace Ornella Muti?
    – Mi va di restare a casa la sera.

**2** *Il verbo SENTIRE ha una gran varietà di significati:*

– udire             es.: – sento un rumore.
– avvertire       es.: – senti che profumo/che cattivo odore?
– venire a sapere  es.: – telefona e senti se vengono.
– consultare     es.: – prova a sentire un medico.

– provare  ⟨ sensazione fisica es.: – sento un gran mal di testa.
                           – sento freddo/caldo
           sentimento    es.: – sento molto la sua mancanza.

    SENTIRSI
– stare in contatto                es.: – ci sentiamo stasera per
                                    telefono.
– esprimere ⟨ uno stato fisico    es.: – ti senti bene?
              una disposizione d'animo es.: – te la senti di fare questo
                                    lavoro?

    SENTIRCI (udire) es.: – Non ci sento, sono sordo.

**3** *Per attirare l'attenzione o rivolgersi a qualcuno, si possono usare le espressioni:*

Scusi.../mi scusi...    es.: – (Mi) scusi, sa dirmi dov'è l'ufficio postale?
Per favore...         es.: – Per favore il conto.
Le dispiace...       es.: – Le dispiace rispondere ad alcune domande?
Le dispiacerebbe...  es.: – Le dispiacerebbe darmi un bicchiere d'acqua?

## Fonetica

### Il raddoppiamento delle consonanti

| r [r]: | sera | caro | coro | arancio |
|---|---|---|---|---|
| rr [rr]: | serra | carro | corro | arrangio |
| s [s] [z] | casa | mese | base | poso |
| ss: [ss]: | cassa | messe | basse | posso |
| t [t]: | note | tuta | dita | latina |
| tt [tt]: | notte | tutta | ditta | lattina |
| v [v]: | evento | travisare | ovale | evitare |
| vv [vv]: | avvento | avvisare | avvale | avvitare |
| z [ts] [dz] | azoto | azalea | spezie | spazio |
| zz [tts] [ddz] | Azzorre | azzerare | pazzie | spazzare |

La pronuncia della lettera ⬚s sorda [s] e sonora [z] e della lettera ⬚z sorda [ts] e sonora [dz] è determinata da regole complesse non sempre rispettate allo stesso modo nelle varie regioni.

## Attività comunicative

**1**

P

*Scegliete due attività dell'ampliamento lessicale a pag. 146 e chiedete al vostro compagno quale preferisce.*

es.: A: Cosa fai nel tempo libero? Stai a casa o vai da amici?
   B: Mi piace stare a casa.

**2**

P

*Fate domande al vostro vicino e segnate sulla tabella le sue risposte.*

es.: A: Cosa fa durante il fine settimana?
   B: Guardo la TV.

| | | | |
|---|---|---|---|
| sto a casa | ❏ | guardo la TV | ❏ |
| esco con amici | ❏ | faccio sport | ❏ |
| vado al cinema | ❏ | ascolto musica | ❏ |

**3**

P

*Ora guardate la tabella dell'esercizio precedente e riferite agli altri studenti le scelte del vostro vicino e poi, sulla base delle risposte dell'intera classe, stabilite qual è l'attività preferita durante il fine settimana.*

Attività più seguita        ............
nel fine settimana

**4**

S

*Riempite la seguente tabella sulla base dei vostri gusti.*

Fate riferimento all'elenco delle attività a pag. 146.

| Mi piace | Non mi piace | Mi è indifferente |
|---|---|---|
| _____ | _____ | _____ |
| _____ | _____ | _____ |
| _____ | _____ | _____ |
| _____ | _____ | _____ |

**5**

S

Confrontate la vostra tabella con quella del vostro compagno e formate delle frasi.

es.: – A me piace il tennis, alla mia compagna invece non piace.

**6**

L

Stefano scrive una lettera ad Albert, un ragazzo australiano, per iniziare una corrispondenza con lo scopo di fare amicizia. Leggetela e riempite la tabella con le attività settimanali di Stefano.

Caro Albert

mi chiamo Stefano, ho 18 anni e frequento l'ultimo anno delle scuole superiori. Vivo ad Ancona, una città di mare nell'Italia centrale. Mio padre è centralinista in un albergo e mia madre fa la parrucchiera. La mia giornata, di solito, si svolge così: la mattina, alle otto, esco di casa e vado a scuola in motorino. Lì resto fino alle 13,30, poi torno a casa per pranzo. Nel pomeriggio faccio i compiti fino alle 17,30 e poi mi dedico alle mie attività preferite: il lunedì e il mercoledì seguo un corso di chitarra; il martedì e il giovedì vado in palestra per gli allenamenti di pallavolo; la domenica, se è una bella giornata, vado con mio fratello in barca a vela altrimenti resto a casa e poi esco con gli amici. E tu, cosa fai? Quali sono i tuoi interessi? Come passi il tuo tempo libero? Scrivimi presto.

Ciao Stefano.

|  | 8,20/13,30 | 14,30/17,30 | 17,30/19,30 |
|---|---|---|---|
| Lunedì |  |  |  |
| Martedì |  |  |  |
| Mercoledì |  |  |  |
| Giovedì |  |  |  |
| Venerdì |  |  |  |
| Sabato |  |  |  |
| domenica |  |  |  |

**7**

S

Scrivete ad un vostro amico raccontandogli come passate la vostra giornata e il vostro tempo libero.

**8**

A

*Giovanni telefona a Francesca. Questa è l'agenda di Francesca con gli impegni per la prossima settimana. Ascoltate il dialogo e completate l'agenda.*

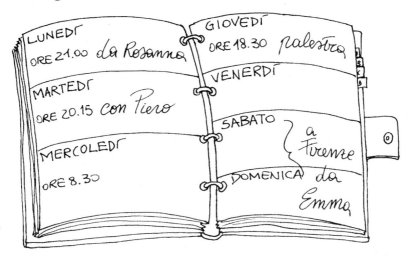

**9**

L

*Leggete il seguente rompicapo. Segnate una X sulla tabella per rispondere alle domande.*

Ci sono tre persone: il Sig. Baldi, la Sig.na Carletti e la Sig.ra Franchi.

Una abita a Padova, una a Lecce e l'altra a Cagliari. All'una piace leggere, all'altra giocare a tennis e alla terza piace ascoltare la musica. La persona che ama ascoltare la musica non vive a Padova, la donna che ama giocare a tennis non è sposata, l'uomo che abita a Lecce, non ama la musica.

1) Dove vive ognuno di loro?
2) Cosa ama fare ognuno di loro?

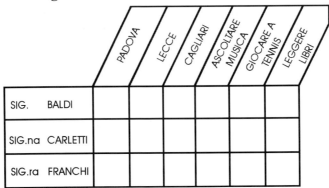

| | PADOVA | LECCE | CAGLIARI | ASCOLTARE MUSICA | GIOCARE A TENNIS | LEGGERE LIBRI |
|---|---|---|---|---|---|---|
| SIG. BALDI | | | | | | |
| SIG.na CARLETTI | | | | | | |
| SIG.ra FRANCHI | | | | | | |

*Ed ora completate le indicazioni sui tre personaggi.*
Il Sig. Baldi vive a ............ e ama ............
La Sig.na Carletti vive a ..............
La Sig.ra Franchi vive a ..............

**10**    *Leggete l'articolo su "la Repubblica" e decidete se le seguenti afferma-*
*zioni sono vere, false o non date.*

L

### I ragazzi leggono gli stessi libri dei padri e dei nonni, come se il tempo non fosse passato. Così "Pinocchio" e "Cuore" sono ancora i re.

ROMA. Un'indagine sulle letture degli adolescenti realizzata dalla Demoskopea per *"la Repubblica"* ci dice che i nostri figli per di più scelgono i titoli amati un tempo dalla mamma, dal babbo e magari anche dai nonni. Sempre gli stessi, infaticabili, inesauribili, veri classici: «Pinocchio», «Cuore», «I tre moschettieri», «Robinson Crosoe», «L'isola del tesoro», «Piccole donne»... Sembra incredibile, ma tra i *best seller* dei ragazzi, non compaiono né nuovi personaggi né nuovi autori. Un luogo comune dice: i ragazzi d'oggi non leggono: non fanno altro che guardare la tv, girare in motorino, sentir musica. Non è così risponde ottimisticamente la circerca. I giovani dagli 8 ai 16 anni, nonostante quel terribile cumulo di ore passate davanti allo schermo televisivo, leggono più di quanto i loro genitori li spingono a fare. Non è vero, dicono in definitiva cifre e percentuali, che il domani ci serba solo ignoranti. Sarà vero?

(Adattato da un articolo
di Susanna Nirenstani)

### Su 351 ragazzi intervistati

| HANNO LETTO | % | SESSO | | ETA' (ANNI) | | |
|---|---|---|---|---|---|---|
| | | M. | F. | 8-10 | 11-13 | 14-16 |
| I tre moschettieri (Dumas) | 24.2 | 29.8 | 19.5 | 15.8 | 27.5 | 27.2 |
| Ventimila leghe sotto i mari (Verne) | 16.8 | 19.9 | 14.2 | 10.5 | 21.4 | 16.8 |
| Sandokan (Salgari) | 33.0 | 39.8 | 27.4 | 15.8 | 32.8 | 46.4 |
| Robinson Crusoe (Defoe) | 31.6 | 28.6 | 34.2 | 14.7 | 43.5 | 32.0 |
| Cuore (De Amicis) | 51.6 | 41.6 | 60.0 | 36.8 | 61.8 | 52.0 |
| Pinocchio (Collodi) | 77.2 | 72.0 | 81.6 | 76.8 | 79.4 | 75.2 |
| Il libro della giungla (Kipling) | 23.6 | 22.4 | 24.7 | 20.0 | 27.5 | 22.4 |
| Senza famiglia (Malot) | 16.8 | 11.2 | 21.6 | 6.3 | 19.8 | 21.6 |
| L'isola del tesoro (Stevenson) | 34.8 | 39.8 | 30.5 | 18.9 | 38.9 | 42.4 |
| Piccole donne (Alcott) | 37.3 | 10.6 | 60.0 | 22.1 | 38.9 | 47.2 |
| Nessuno di questi | 8.3 | 11.2 | 5.8 | 16.8 | 3.8 | 6.4 |

#### Le pagine amate da papà e mamma ai loro tempi

### Su 1971 adulti intervistati

| HANNO LETTO | % | LEGGONO I QUOTIDIANI | | | VEDONO LA TV | | |
|---|---|---|---|---|---|---|---|
| | | Molto | Poco | Mai | Molto | Poco | Quasi mai |
| I tre moschettieri (Dumas) | 44.1 | 62.7 | 42.8 | 25.7 | 44.4 | 44.7 | 39.8 |
| 20.000 leghe sotto i mari (Verne) | 35.0 | 55.8 | 33.8 | 14.2 | 33.3 | 36.8 | 32.3 |
| Sandokan (Salgari) | 37.3 | 53.8 | 36.4 | 20.6 | 35.2 | 38.3 | 39.8 |
| Robinson Crusoe (Defoe) | 43.0 | 63.1 | 42.8 | 22.3 | 41.7 | 44.6 | 39.8 |
| Cuore (De Amicis) | 60.0 | 76.1 | 62.4 | 41.5 | 61.2 | 6.3 | 53.0 |
| Pinocchio (Collodi) | 71.8 | 86.1 | 76.0 | 54.0 | 74.1 | 71.7 | 63.5 |
| Il libro della Giungla (Kipling) | 29.0 | 35.7 | 17.4 | 8.0 | 18.4 | 22.2 | 24.3 |
| Senza famiglia (Malot) | 30.2 | 41.0 | 32.6 | 17.4 | 31.8 | 29.4 | 28.7 |
| L'isola del tesoro (Stevenson) | 42.8 | 59.5 | 42.7 | 25.4 | 42.3 | 42.9 | 43.8 |
| Piccole donne (Alcott) | 35.7 | 44.6 | 38.9 | 24.3 | 39.5 | 33.9 | 30.8 |
| Nessuno di questi | 19.0 | 5.2 | 13.7 | 37.0 | 16.1 | 20.0 | 25.2 |

|  | VERO | FALSO | NON DATO |
|---|---|---|---|
| 1) L'indagine riguarda gli adulti. | ❏ | ❏ | ❏ |
| 2) I libri Cuore e Pinocchio sono in cima alle classifiche. | ❏ | ❏ | ❏ |
| 3) I giovanissimi leggono nuovi autori. | ❏ | ❏ | ❏ |
| 4) I giovanissimi guardano molto la TV. | ❏ | ❏ | ❏ |
| 5) I ragazzi non comprano libri. | ❏ | ❏ | ❏ |
| 6) Secondo l'indagine i ragazzi leggono molto. | ❏ | ❏ | ❏ |

## In questa unità avete imparato a:

– Chiedere/esprimere gusti e
  preferenze sul tempo libero.

– Richiamare l'attenzione di qualcuno.

– *Le piace fare sport?*
– *Non mi va di uscire.*

– *Le dispiace rispondere
  ad alcune domande?*

## Scheda culturale

## Cosa leggono gli italiani

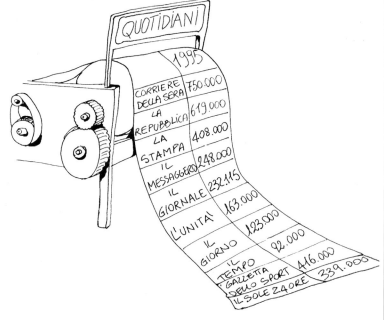

*I quotidiani.*

Sono giornali che informano sugli avvenimenti delle ultime 24 ore ed hanno diffusione nazionale o regionale. Le maggiori testate a carattere nazionale sono *il Corriere della Sera* e *la Repubblica*.

Testate a carattere regionale sono *La Stampa, Il Tempo, Il Messaggero, Il Mattino,* ecc. Esistono poi giornali che sono organi di stampa dei vari partiti politici, come ad esempio *Il Popolo, l'Unità,* o specialistici, come *Il Sole 24 ore* che tratta quasi esclusivamente di problemi economici o *il Corriere dello Sport* che si occupa solo di avvenimenti sportivi.

I quotidiani sono articolati in sezioni e rubriche fisse, come ad esempio affari di politica interna ed estera, cronaca, cultura, economia, spettacoli, sport, lettere ed opinioni e, in molti casi, cronaca locale.

La concorrenza tra le varie testate ha portato, negli ultimi anni, alla pubblicazione, in alcuni giorni fissi, di un sempre maggior numero di inserti, abbinati ai quotidiani, dedicati agli argomenti più vari, dall'arte alla cultura, dall'economia agli spettacoli, dalla medicina alla scienza.

*I Periodici.*

Sono riviste che selezionano e commentano, ampliandole, le notizie più importanti già riportate nei quotidiani, come ad esempio le riviste di informazione (*Panorama, L'Espresso, Europeo* ecc.), oppure riportano gli argomenti ·di attualità, come le riviste familiari (*Oggi, Gente*) o si occupano prevalentemente di moda, di bellezza o di cucina, come le riviste femminili (*Grazia, Amica, Anna ecc.*).

A queste bisogna aggiungere la stampa per giovani che privilegia le interviste a cantanti, attori, le classificazioni di film e dischi e si interessa di problemi giovanili in generale (*Cioè, Tutto Musica* ecc.) e i fumetti (*Il Corriere dei Piccoli, Topolino* ecc.).

I periodici possono anche essere mensili ed, in questo caso, trattano materie specifiche come viaggi, turismo, natura (*Airone, Atlante* ecc.), architettura ed arredamento (*Abitare, Brava, "Casa Viva"* ecc.), sport (*Nautica, Montagna, Macchine e Motori, Quattroruote* ecc.) o sono altamente specializzate (*Audio, Fotografare, Bit* ecc.).

La molteplicità delle riviste pubblicate e l'aumentato numero di lettori dimostrano chiaramente che gli italiani leggono sempre di più.

Questa maggiore attenzione per la carta stampata spinge le Case Editrici a stampare sempre nuove testate.

*In viaggio*

| | |
|---|---|
| *Angela:* | Scusi, sa dirmi quale autobus posso prendere per andare alla Banca d'Italia in Via Marconi? |
| *Passante:* | C'è un autobus che passa per questa strada, il n. 8, ma deve scendere prima dell'inizio di Via Marconi. |
| *Angela:* | Grazie. E da lì per raggiungere la stazione? |
| *Passante:* | Prenda la metropolitana se ha fretta, oppure può andare a piedi. |
| *Angela:* | Quanto dista? |
| *Passante:* | Sono solo 500 metri. Ci vogliono circa 10 minuti. |
| *Angela:* | Grazie. |

*Alla stazione ferroviaria. Ufficio Informazioni.*

| | |
|---|---|
| *Angela:* | Scusi, quale treno posso prendere per essere a Urbino alle 20,30? |
| *Impiegato:* | Deve prendere un treno diretto a Pesaro, ma prima deve cambiare a Falconara. A Pesaro trova l'autobus per Urbino. |
| *Angela:* | Quanto ci vuole da Pesaro a Urbino? |
| *Impiegato:* | Ci vogliono circa 30 minuti. L'autobus parte ogni mezz'ora. |
| *Angela:* | Allora cosa mi consiglia di fare? |
| *Impiegato:* | Le consiglio di prendere il rapido delle 14,55 che arriva a Falco- |

nara alle 18,00; alle 18,31 c'è un treno locale che arriva a Pesaro alle 19,12. Ha abbastanza tempo per prendere l'autobus delle 19,30.

*Angela:* E' distante la fermata dell'autobus?

*Impiegato:* No, il capolinea è proprio davanti alla stazione.

*Angela:* Allora: treno delle 14,55, con cambio a Falconara; partenza per Urbino alle 19,30. Grazie tante, arriverderci.

*Impiegato:* Arrivederci.

*Alla biglietteria*

*Angela:* Per favore un biglietto di 2ª classe per Pesaro.

*Impiegato:* Solo andata?

*Angela:* Sì; il treno delle 14,55 è un Intercity?

*Impiegato:* Sì. C'è il supplemento rapido che costa L. 10.500, ma deve fare anche la prenotazione ............... è obbligatoria.

*Angela:* Va bene. Sa dirmi da quale binario parte?

*Impiegato:* Deve essere il terzo, ma prima di salire controlli il tabellone o il monitor che vede laggiù.

# Verifica

*Rispondete alle seguenti domande.*

1) Quale autobus porta a Via Marconi?

2) Dove deve andare Angela?

3) Quanto è distante la stazione da Via Marconi?

4) Ci sono treni che vanno a Urbino?

5) Quale treno deve prendere Angela?

6) Da dove parte l'autobus per Urbino?

7) Che tipo di biglietto compra Angela?

8) Quanto paga per il supplemento rapido?

# Ampliamento lessicale

## I mezzi di trasporto

*I mezzi di trasporto pubblico più usati sono:*

| *in città* | *fuori città* |
|---|---|
| – l'autobus | – il pullman |
| – il tram | – l'autobus |
| – il filobus | – il treno |
| – la metropolitana | – il taxi |
| – il taxi | – l'aereo |
| | – la nave |
| | – il traghetto |

*Luoghi riferiti ai mezzi di trasporto:*

fermata - stazione - copolinea - stazione ferroviaria - binario - biglietteria - deposito bagagli - posteggio taxi.

# Uso della lingua

**1** *Per chiedere quanto tempo è necesario per fare qualcosa si usa l'espressione:*

Quanto ci vuole?

es.: Quanto ci vuole per andare a Torino?

*Nelle risposte o nelle affermazioni si usano:*

ci vuole + nome singolare
ci vogliono + nome plurale

es.: Ci vuole un'ora per andare a Torino.
Ci vogliono circa 40 minuti per fare questo dolce.

Spesso *ci vuole/ci vogliono* esprimono anche *necessità* generale.

es.: Coi bambini ci vuole molta pazienza
Coi bambini è necessario avere molta pazienza.

Per riuscire nella vita ci vuole molta fortuna.
Per riuscire nella vita è necessario avere molta fortuna.

**2** *Per chiedere la distanza da un luogo si usano le espressioni:*

Quanto dista?/Quanto distano?
Quanto è distante?/Quanto sono distanti?

es.: A: Quanto dista la tua casa dall'ufficio?
Quanto è distante la tua casa dall'ufficio?
B: Circa 3 Km.
Non è lontana, posso andare anche a piedi.

**3** *Espressioni relative ai mezzi di trasporto:*

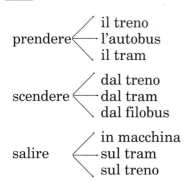

prendere
/ il treno
← l'autobus
\ il tram

scendere
/ dal treno
← dal tram
\ dal filobus

salire
/ in macchina
← sul tram
\ sul treno

– chiamare/prenotare un taxi per telefono

– raggiungere un posto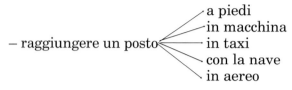

*Notare le espressioni:*

prendere
- il tram
- il treno
- l'autobus

al volo = fare appena in tempo a prendere il mezzo

Perdere il treno = perdere un'occasione

Essere pendolare/fare il pendolare = viaggiare ogni giorno con i mezzi pubblici per raggiungere il luogo di lavoro, diverso da quello dove si abita.

I verbi Salire e Scendere hanno anche altri significati legati a movimento in alto e in basso:

es.: Salire le scale.

Il costo della vita sale.

La temperatura scende in inverno.

La tensione sociale sale.

# Fonetica

## Opposizioni fonologiche

b [b]: bacco   barca   balla   basta   basso   belle   bere   basto

p [p]: pacco   parca   palla   pasta   passo   pelle   pere   pasto

d [d]: detto   Dino   due   dopo   desta   tondo   vendi   Aldo

t [t]:   tetto   tino   tue   topo   testa   tonto   venti   alto

f [f]:   fetta   fino   foglio   finto   fitto   fede   schifo   fendere

v [v]: vetta   vino   voglio   vinto   vitto   vede   schivo   vendere

## Attività comunicative

__1__  *A turno svolgete il ruolo di A e di B.*

P

es.: A: autobus/stazione          A: Quale autobus va alla stazione?
    B: 35/10 minuti              B: Il 35
                                A: E quanto ci vuole?
                                B: 10 minuti

1) A: treno / Milano                    B: rapido delle 18 / 3 ore
2) A: volo / Londra                     B: AZ90 / 2 ore
3) A: traghetto / Cagliari              B: Nettuno / 7 ore
4) A: taxi / aeroporto di Fiumicino     B: Il primo / 1 ora
5) A: pullman / Pisa                    B: quello in fondo / 50 minuti
6) A: autobus / Napoli                  B: il diretto delle 3 / 2 ore

__2__  *Guardate le figure e formate 6 mini-dialoghi.*

P

A: Signora/B: Signora Tirone

A: Chi è quella signora?
B: Quale?
A: Quella *che* beve il caffè
B: E' la signora Tirone

A: ragazzi/ B: figli di Anna

A: Chi sono quei ragazzi?
B: Quali?
A: Quelli *che* giocano a pallone
B: Sono i figli di Anna

1. –  A: ragazza/B: Signorina Russo

4. –  A: signori/B: amici di Piero

2. –  A: donne/B: amiche di Giovanna

5. –  A: ragazzo/B: fratello di Giulio

3. –  A: bambino/B: Robertino

6. –  A: signore/B: Signor Corti

**3**     *Formate mini-dialoghi.*

P

es.: A: sogno / fare l'attrice    B: talento
     A: sogno *di* fare l'attrice.    B: *Per* fare l'attrice *ci vuole* talento.


A: Marco suggerisce / correre nel parco    – B: scarpe da ginnastica
A: Marco suggerisce *di* correre nel parco.
B: *Per* correre nel parco *ci vogliono* le scarpe da ginnastica.

1) A: Maria ha voglia / viaggiare
    B: denaro
2) A: Giorgio propone / partire
      insieme
    B: due macchine
3) A: Luisa pensa / scrivere un romanzo
    B: fantasia
4) A: Andrea crede / vincere la corsa
    B: lungo allenamento

5) A: Speriamo / prendere un bel voto
    B: molto studio
6) A: Maria e Luigi sperano / superare
      l'esame
    B: grande impegno
7) A: Guido cerca / migliorare l'inglese
    B: molti esercizi
8) A: Betty spera / diventare famosa
    B: tanto successo


**4**     *A turno svolgete il ruolo di A e di B.*

P

es.: A: Luca Saffi B: meccanico / lavorare / Via Argentina
    A: *Chi* è Luca Saffi?
    B: E' il meccanico *che* lavora in Via Argentina.

    A: David e Carlos B: studenti / frequentare / corso di francese
    A: *Chi* sono David e Carlos?
    B: Sono gli studenti *che* frequentano il corso di francese.

1) A: Nelson White
    B: attore / recitare / teatro 'Golden'
2) A: Stefania
    B: commessa / lavorare / fornaio
3) A: Fratelli Rossi
    B: architetti / fare progetti / 'Domus'
4) A: Anna Botti
    B: giornalista / scrivere / "Città Aperta"

5) A: D&D
    B: artisti / danzare / cabaret
6) A: Rock Spring
    B: chitarrista / suonare / Flippers
7) A: Sergio Cotta
    B: fotografo / pubblicare / "Fotografia"
8) A: Carlo Berardi
    B: chirurgo / operare / "Divino Amore"

| **5** | *Completate il seguente dialogo.* |

S

A: ...........................................
B: Sì, mi dica.
A: ...........................................
B: Per Carsoli? Sì. Ci sono pullman che fanno servizio tutto il giorno.
A: ...........................................
B: L'unico diretto è quello delle 11,30.
A: ...........................................
B: Dipende dal traffico. Di solito ci vogliono un paio d'ore.
A: ...........................................
B: Per il ritorno dopo le 17 ci sono corse ogni ora.
A: ...........................................
B: Per essere a casa per le 22 deve prendere il pullman che parte alle 20. Però
   è un po' più lungo perché fa tutte le fermate.
A: ...........................................
B: Andata e ritorno? 24.000 lire.

| **6** | *Leggete il testo e scrivete accanto ai numeri la parola a cui si riferisce il pronome relativo.* |

L

Marco è l'unico fratello di Giulio **1.** *che* vive a Torino perché studia al Politecnico per diventare ingegnere elettronico. Gli amici **2.** *che* studiano con lui sono di Novara e arrivano in treno tutti i giorni. Le lezioni, **3.** *che* terminano alle 3 di pomeriggio, sono difficili da capire, perciò Marco e i suoi amici spesso chiedono al professore la spiegazione dei punti **4.** *che* non sono completamente chiari. Ad ogni corso, **5.** *che* dura 2 o 3 mesi, segue un esame **6.** *che* gli studenti devono superare per poter procedere negli studi. Marco e i suoi amici sanno che ci vuole molto impegno e determinazione per affrontare studi tanto difficili, ma credono nel successo **7.** *che* sperano di ottenere nella loro futura professione.

1 ............... 2 ............... 3 ............... 4 ............... 5 ............... 6 ............... 7 ...............

**7** | *Ascoltate attentamente la conversazione e rispondete alle domande.*

A

1) Che tipo di viaggiatore è Valerio?
2) A che ora prende il treno Valerio la mattina?
3) Quanti mezzi di trasporto prende Valerio per arrivare all'azienda?
4) Quanto è distante la stazione di arrivo dall'azienda?
5) Quanto ci vuole per arrivare dalla stazione all'azienda?
6) Quanto dista la casa di Valerio dalla stazione?
7) Quante ore al giorno viaggia Valerio per andare e tornare dal lavoro?
8) Che cosa suggerisce Marco a Valerio?

**8** | *Anna deve andare in Via Bari e chiede informazioni ad un passante.*
*Ricostruite il dialogo. Seguite le indicazioni.*

P

| *Anna* | *Passante* |
| --- | --- |
| attrae l'attenzione | risponde |
| chiede come arrivare in via Bari | consiglia il 62 che arriva vicino |
| chiede dove può prendere l'autobus | indica la fermata dopo il semaforo |
| chiede quanto ci vuole | risponde 10 minuti |
| chiede se può andare a piedi | risponde affermativamente e aggiunge informazioni sulla distanza |
| ringrazia e saluta | risponde al saluto |

**9**    *Studiate il diagramma e fate frasi a piacere.*

S

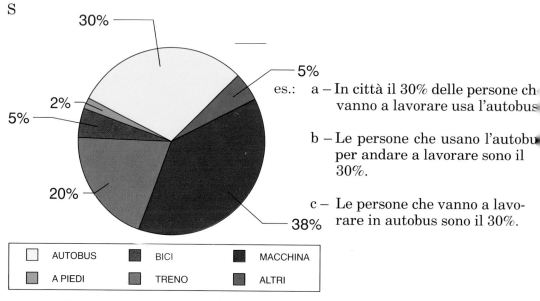

30%

5%

2%

5%

20%

38%

es.:   a – In città il 30% delle persone ch
vanno a lavorare usa l'autobus

b – Le persone che usano l'autobu
per andare a lavorare sono il
30%.

c – Le persone che vanno a lavorare in autobus sono il 30%.

| ☐ AUTOBUS | ▨ BICI | ▩ MACCHINA |
|---|---|---|
| ▦ A PIEDI | ▤ TRENO | ▨ ALTRI |

**10**   *Leggete attentamente gli orari ferroviari e riempite gli spazi vuoti in modo logico:*

L

Per essere a Venezia alle 6,00 di mattina, il Sig. Cassani, che abita a Siracusa, deve partire con ......... delle 8,10 ........ arriva a Sapri alle 15,12. Qui scende e incontra un amico, il quale deve consegnargli un importante documento. Il primo treno conveniente ........ proseguire il viaggio è l'IC delle ........, che si ferma a Roma. Perciò il Sig. Cassani deve scendere di nuovo per cambiare il treno per Bologna, ........ arriva alle 3,27 di mattina. Qui aspetta ......... alle 4.01 per continuare con ....... che lo porta alla stazione di ......... dopo circa 2 ore.

### DA SICILIA-NAPOLI PER BOLOGNA

|  |  | IC ● | IC ◇ | EXP | IC ◯ | EXP ▲☆ | EXP ☆☆▲ | EXP | EXP ☆☆ | EXP ☐ | EXP ■ |  |
|---|---|---|---|---|---|---|---|---|---|---|---|---|
| AGRIGENTO | p. |  |  |  |  |  |  |  | 14.03 |  | 16.32 |  |
| PALERMO | p. |  | 8.10 | 8.30 |  | 13.55 | 15.45 | 15.55 |  | 19.05 | 20.40 |  |
| SIRACUSA | p. |  | 8.25 | 8.50 |  | 14.08 | 15.52 |  | 18.04 |  | 20.55 |  |
| CATANIA | p. |  | 9.35 | 10.16 |  | 15.50 | 17.25 |  | 19.50 |  | 22.30 |  |
| MESSINA | p. |  | 11.15 | 11.55 |  | 17.40 | 19.05 | 19.45 | 21.45 | 22.25 | 0.20 |  |
| REGGIOCAL. | p. | 7.32 | 12.13 | 13.05 | 15.00 | 18.43 | 20.03 | 20.55 | 22.55 | 0.05 | 1.30 |  |
| VILLA S.G. | p. | 7.49 | 12.48 | 13.40 | 15.17 | 19.25 | 20.50 | 21.30 | 23.30 | 0.40 | 2.10 |  |
| LAMEZIAT. | p. | 8.53 | 13.47 | 14.55 | 16.22 | 20.31 |  | 22.36 | 0.38 |  |  |  |
| PAOLA | p. |  | 14.21 | 15.31 | 16.57 | 21.07 | 22.26 | 23.13 | 1.17 | 2.29 | 3.46 |  |
| SAPRI | p. |  | 15.12 |  | 17.53 | 22.09 |  |  |  |  | 4.44 |  |
| SALERNO | p. | 11.26 | 16.27 | 17.59 | 19.07 | 23.25 |  | 1.46 |  |  | 6.13 |  |
| NAPOLI | p. | 13.00 | 17.06 | 18.47 | 19.50 | 0.11 | 1.22 | 2.38 | 4.22 | 6.45 | 8.10 |  |
| ROMA | p. | 15.12 | 19.15 | 21.20 | 22.10 |  | 3.32 | 4.53 | 6.48 | 9.00 | 10.13 |  |
| BOLOGNA C.LE | a. | 18.22 | 22.49 | 1.37 | 3.27 | 6.29 | 7.06 | 8.30 | 10.40 | 12.26 | 13.22 |  |

☆ **ANCHE CON AUTO AL SEGUITO DA CATANIA E VILLA S.G.**   ▲ Solo letti e cuccette ☐ Fino a Roma solo letti, cuccette e vettura di 1ª Cl. con poltrone reclinabili poi treno IC522   ■ Da Napoli treno IC524   ● IC560 fino a Napoli P. Garibaldi, coincidenza nella sovrastante C.le con IC532   ◇ IC 686/8 fino a Roma, poi treno 234 con biglietto per Ferrara ed oltre   ☆☆ Da Siracusa a Catania fino al 13.XII., dal 7.I. al 26.III. e dal 7.IV. ◯ IC564 fino a Roma   **NOTA: le ore nel quadro colorato indicano cambio di treno in quella stazione**

### DA BOLOGNA PER VENEZIA-UDINE-TRIESTE

|  |  | EXP ★ | EXP ☐ | EXP | EXP | LOC | EXP | LOC | LOC | DIR | DIR | EC30 | LOC |  |  |
|---|---|---|---|---|---|---|---|---|---|---|---|---|---|---|---|
| BOLOGNA | p. | 2.40 | 4.01 | 4.25 | 4.44 | 4.50 | 6.00 | 6.23 | 6.55 | 7.40 | 8.40 | 10.31 | 10.55 |  |  |
| FERRARA | a. |  | 4.30 | 4.53 | 5.11 | 5.33 | 6.32 | 7.12 | 7.50 | 8.10 | 9.10 |  | 11.46 |  |  |
| ROVIGO | a. |  | 4.52 | 5.16 | 5.37 | 6.08 | 6.54 | 7.54 |  | 8.30 | 9.30 |  |  |  |  |
| MONSELICE | a. |  |  | 5.32 | 5.54 | 6.29 | 7.11 | 8.16 |  | 8.45 | 9.45 |  |  |  |  |
| PADOVA | a. | 4.01 | 5.27 | 5.52 | 6.23 | 6.53 | 7.33 | 8.47 |  | 9.05 | 10.05 | 11.34 |  |  |  |
| VENEZIA S.L. | a. |  | 5.52 | 6.28 | 7.04 | 7.25 | 8.10 | 9.32 |  | 9.42 | 10.42 | 12.18 |  |  |  |
| UDINE | a. |  | 7.50 | 8.15 | 8.55 |  | 10.10 |  |  |  | 13.05 | 13.30 |  |  |  |
| TRIESTE | a. |  | 8.10 | 8.45 | 8.45 | 10.10 | 11.05 |  |  |  | 13.00 | 14.15 |  |  |  |

☆ Feriale   ▲ Prezzo comprensivo servizi accessri e ristoro   ☐ Venezia Mestre annziché S.Lucia   ● Dal 28.XII al 7.I. dal 23.III al 8.IV, dal 20.IV al 2.V e dal 18.V   ★ Dal 16.XII al 6.I e dal 27.I al 31.III - Proviene o va a Calalzo P.C.   **NOTA: le ore nel quadro colorato indicano che l'arrivo o la partenza da quella stazione richiedono cambio treno a V. Mestre**

## In questa unità avete imparato a:

– Chiedere e dare informazioni sui mezzi di trasporto.

– *Scusi, quale treno posso prendere?*
– *L'intercity delle 14.55.*

– Chiedere e dare informazioni sulla distanza da un luogo.

– *E' distante la fermata?*
– *No, è proprio davanti alla stazione.*

– Chiedere e dare informazioni su quanto tempo occorre per fare qualcosa o raggiungere un luogo.

– *Quanto ci vuole per fare questo esercizio?*
– *Ci vuole mezz'ora circa.*

## Scheda culturale

### I mezzi di trasporto

Il mezzo di trasporto pubblico più usato nelle città italiane è l'autobus, ma la sua frequenza d'uso dipende molto dalla grandezza e dalle caratteristiche della città. Nei grandi centri industriali la gente si sposta coi mezzi pubblici, autobus, treni, metropolitane, ma nelle città di provincia, che hanno una popolazione complessiva ridotta, usa più diffusamente il mezzo privato, cioè l'automobile.

Per il trasporto extraurbano, da città a città, da regione a regione, si usa indifferentemente il treno, il pullman o il mezzo privato.

Ci sono oggi treni assai confortevoli, come il 'Pendolino' per esempio, che coprono distanze notevoli in tempi relativamente brevi. Esistono inoltre servizi diretti di pullman che servono città molto lontane tra loro e che impiegano tempi inferiori a quelli dei treni. Infine sempre più frequente è l'uso dell'aereo di linea interna per spostarsi da una città all'altra, da una regione all'altra. Tutti i maggiori aeroporti italiani sono collegati da pullman, treni o navette alla stazione ferroviaria centrale.

### Come viaggiare in città

Prima di prendere il mezzo pubblico, autobus, metro, tram, i passeggeri devono munirsi di biglietto, che possono acquistare dal tabaccaio, dal giornalaio e presso le apposite rivendite al capolinea.

Per i lavoratori, studenti, per le persone anziane (pensionati) e per i turisti sono previste varie facilitazioni, cioè riduzioni di tariffe e speciali tessere di abbonamento.

*un percorso in metro*

### Il biglietto

*Se siete sprovvisti di tessera di abbonamento acquistate il **biglietto** presso l'edicola dei giornali o presso le rivendite di tabacchi...*

### Le stazioni

*Tutti gli ingressi alle stazioni sono riconoscibili dal simbolo luminoso **M**.*

*... all'interno della stazione inserite il biglietto nella apposita fessura dei **varchi di controllo***

### La sicurezza

***...non usate** il pulsante di STOP delle scale mobili per divertimento, ma solo in caso di pericolo!*

*...in attesa del treno non oltrepassare la **linea gialla di sicurezza**...*

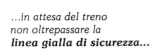

*...prima di salire in vettura **agevolate l'uscita dei passeggeri**...*

*...sulle scale mobili **tenete la destra**, per agevolare il passaggio a chi ha fretta.*

*Alla ricerca di una casa*

*I signori Orlandi devono cambiare casa: leggono gli annunci sul giornale.*

**CASSIA** Prestigioso attico con superattico. Attico: salone, 2 camere, 3 bagni, cameretta, cucina, terrazza; Superattico: 2 camere, doppi servizi, solarium, ascensore privato, triplo box. Tel. 06/651243

**MONTI** Parioli importante residenza salone doppio salotto pranzo studio 4 letto 2 camerette terrazza box. Dimensione Casaufficio. Tel. 06/69.94.16.81
**NAVONA** adiacenze prestigioso 100 mq salotto 2 camere letto 1 bagno cucina bellissima palazzo. Tel. 06/67.79.693.
**NAVONA** palazzo delizioso salone camino studio letto 2 bagni. Dimensione Casaufficio. Tel. 06.69.94.16.81

Via Appia Nuova
**ATTICO** soggiorno due camere servizi terrazzo 190.000.000 più mutuo. Tel. 06/496440

*Alberto:* Com'è difficile scegliere fra tutti questi annunci!
Guarda questo: Prestigioso attico con superattico. Attico: salone, 2 camere, 3 bagni, cameretta, cucina, terrazza. Superattico: 2 camere, doppi servizi, solarium, ascensore, triplo box. Che te ne pare?
*Giovanna:* Ma no, Alberto, è grandissimo! Dobbiamo scegliere una casa più grande e più bella della nostra, ma non così lussuosa come questa! Senti invece questo. Attico: soggiorno, 2 camere, servizi, terrazzo, 190.000.000 + mutuo.
Mi sembra più adatto, e anche il prezzo è molto conveniente!
*Alberto:* Sì, perché non telefoniamo?
*Giovanna:* Va bene, chiama subito: a quest'ora l'agenzia è aperta.

*Più tardi al telefono.*

*Impiegato:* Immobilcasa, buon giorno.

*Alberto:* Buon giorno, sono interessato all'appartamento di Via Appia Nuova, può darmi delle informazioni più dettagliate?

*Impiegato:* Certo Signore: è un attico luminosissimo, ha un bel terrazzo, il salone è molto grande e le stanze sono spaziose. Il riscaldamento è autonomo. Inoltre ci sono cantina e posto macchina.

*Alberto:* Quanti mq. sono in tutto?

*Impiegato:* 150 coperti più 30 di terrazzo.

*Alberto:* E' troppo grande per noi, non ne avete uno più piccolo?

*Impiegato:* Sì, c'è un attico bellissimo di 100 mq. ma è in una zona meno centrale. Se le interessa possiamo prendere un appuntamento per oggi pomeriggio alle 4.

*Alberto:* Sì, per me va bene.

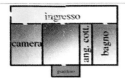

**2 LOCALI**
APRILIA - Entrata indipendente: ingresso, salone con angolo cottura, camera da letto, bagno, riscaldamento autonomo, giardino. Completamente ristrutturato.
**L. 107.000.000**

**3 LOCALI - 100 mq ca.**
OSTIA - Via delle Aleutine  ingresso salone due camere servizio cucina abitabile balcone cantina
**L. 225.000.000**

# Verifica

*Dite se le seguenti affermazioni sono vere false o non date:*

|  | VERO | FALSO | NON DATO |
|---|---|---|---|
| 1) Giovanna e Alberto cercano una nuova casa. | ❏ | ❏ | ❏ |
| 2) Giovanna dice che il superattico sulla via Cassia è piccolo. | ❏ | ❏ | ❏ |
| 3) Il prezzo dell'appartamento sulla via Appia Nuova è molto conveniente. | ❏ | ❏ | ❏ |
| 4) Giovanna telefona all'Immobilcasa. | ❏ | ❏ | ❏ |
| 5) L'appartamento di via Appia Nuova ha anche un terrazzo. | ❏ | ❏ | ❏ |
| 6) L'attico di 100 mq. ha un salone bellissimo. | ❏ | ❏ | ❏ |
| 7) L'appartamento di via Appia Nuova è troppo grande per i signori Orlandi. | ❏ | ❏ | ❏ |
| 8) Alberto prende appuntamento con l'agenzia per il giorno dopo. | ❏ | ❏ | ❏ |

# Ampliamento lessicale

**1** *Case e appartamenti*

**2** *Arredamento*

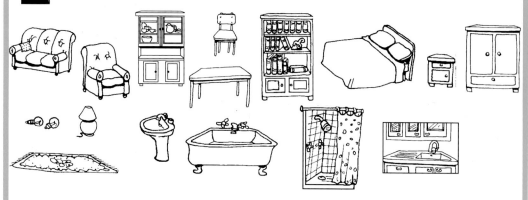

**divano - poltrona - credenza - sedia - tavolo - libreria - letto - comodino - armandio - tappeto - lampadine - lampada - lavandino - vasca - doccia - lavello - pensili**

**3** *Servizi ed elettrodomestici*

**televisore - telefono - riscaldamento (termosifone) - lavatrice - lavastoviglie - frigorifero - forno - radio - lucidatrice - aspirapolvere - frullatore - tostapane - registratore**

# Uso della lingua

**1** *Si possono usare le seguenti domande e risposte per chiedere e dare informazioni su case ed appartamenti:*

| | |
|---|---|
| – Dov'è l'appartamento? | – E' in Via ....... |
| – Dove si trova la casa? | – Si trova in piazza ....... |
| – Di quanti mq. è la casa? | – E' di 95 mq. |
| – Ci sono balconi o terrazzi? | – No, è una casa senza balconi.<br>– Sì, c'è un bel terrazzo.<br>– Sì, ci sono due balconi. |
| – L'appartamento è ristrutturato? | – No, non è ancora ristrutturato.<br>– No, è da ristrutturare.<br>– Sì, è completamente ristrutturato. |
| – A che piano è? | – E' al 1º/5º piano. |
| – C'è l'ascensore? | – Sì, ed è velocissimo.<br>– No, purtroppo è un vecchio edificio senza ascensore. |

## Fonetica

### Opposizioni fonologiche

| c [tʃ]: | celato | faccio | Cina | accetto | riccio | cenere | Lecce | boccia |
|---------|--------|--------|------|---------|--------|--------|-------|--------|
| g [dʒ]: | gelato | faggio | Gina | oggetto | Reggio | genere | legge | pioggia |

| c [k]: | cola | cara | Lecco | dica | cala | foca |
|--------|------|------|-------|------|------|------|
| g [g]: | gola | gara | leggo | diga | gala | foga |

| gli [ʎ]: | vogliamo | taglia | migliore | tagliente | veglia | tiglio |
|----------|----------|--------|----------|-----------|--------|--------|
| li [l]: | voliamo | dalia | milione | saliente | Velia | Tullio |

| sc [ʃ]: | asciuga | scena | ascesso | cuscino | fascia | lascio |
|---------|---------|-------|---------|---------|--------|--------|
| cc [ttʃ]: | acciuga | cena | accesso | cucino | faccia | laccio |

# Attività comunicative

**1** *Formate mini-dialoghi.*

P

es.: *Treno / aereo / sicuro*
A: Perché preferisci il treno all'aereo?
B: Perché il treno è più sicuro dell'aereo.

1) mercato / negozio / economico
2) oro / argento / elegante
3) poltrona / sedia / comoda
4) metropolitana / autobus / veloce
5) pasta al ragù / riso in bianco / saporita
6) spettacolo teatrale / film / vivo
7) campagna / città / tranquilla
8) plastica / vetro / resistente

**2** *Guardate le piantine delle due case e formate mini-dialoghi.*

P

es.: A: La cucina del sig. Panti è grande.
B: Sì, ma quella del sig. Rossi è più grande.

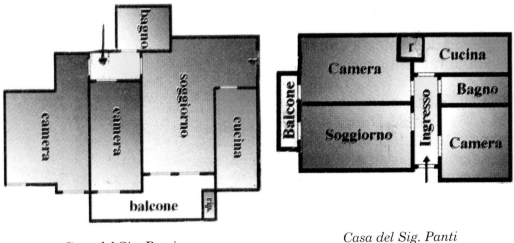

*Casa del Sig. Rossi*
(interno 4)

*Casa del Sig. Panti*
(interno 7)

| 3 | *Segnate con una X la risposta giusta.* |

S

**1. Qual è l'Oceano più grande?**

Pacifico ❑
Atlantico ❑
Indiano ❑

**2. Qual è il fiume più lungo?**

Mississipi ❑
Nilo ❑
Rio delle
  Amazzoni ❑

**3. Qual è l'animale più veloce?**

Antilope ❑
Cavallo ❑
Scimmia ❑

**4. Qual è l'edificio più alto?**

Torre Eiffel ❑
Sears Tower ❑
  (Chicago)
Empire State
  Building ❑

**5. Qual è lo stato più piccolo?**

Vaticano ❑
Andorra ❑
Monaco ❑

**6. Qual è la lingua più parlata?**

Spagnolo ❑
Inglese ❑
Cinese ❑

| 4 | *Formate mini-dialoghi.* |

P

es.: Appartamento / piccolo / luminoso
    A: Avete un appartamento più piccolo di questo?
    B: Sì, ma è meno luminoso.

1) maglione / grande / caldo
2) libro / recente / interessante
3) vino / buono / economico
4) pantaloni / lunghi / moderni

5) borsa / piccola / elegante
6) fiori / freschi / belli
7) sciarpa / bella / grande
8) pianta / alta / fiorita

**5**

P

*Confrontate i due disegni e formate dei mini-dialoghi in base agli elementi indicati.*

es.: A: In quale strada ci sono più automobili?
B: In via Cristoforo Colombo.

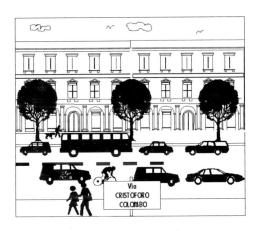 

1) automobili
2) traffico
3) persone
4) biciclette
5) negozi
6) autobus

**6**

P

*Guardate i due disegni e fate confronti sulla quantità di oggetti in cia-scuno di essi. Usate le seguenti espressioni:* più - meno - tanti/e - quanti/e

*Stanza di Marco*          *Stanza di Giovanna*

**7** *Leggete i seguenti annunci e scegliete quello più idoneo ad ogni singola situazione.*

L

❶

TREVIGNANO 20 mt lago casa indipendente su due piani, soggiorno, camino, angolo cottura, due camere, doppi servizi, restaurato. Gabetti 06/876954

❷

EUR ufficio, quattro camere affittasi. Tel. Urbis Insieme srl 06/4587639

❸

PIAZZALE CLODIO RAI soggiorno 3 camere doppi servizi balcone 390.000.000 mutuabili. Tel. 06/6865478 ore pasti

❻

A.A.A. AFFITTASI bar tabacchi totocalcio vicino Duomo reddito altissimo solo mestieranti. Tel. 02/6548681

❼

BORSA IMMOBILIARE
CENTRO STORICO CORONARI luminoso elegante arredato saloncino camera servizi foresteria. Tel. 06.37.00.282

MONOLOCALE
CIAMPINO - attico, appartamento composto da::camera,bagno terrazzo.ottimo stato
**L. 90.000.000**

❹

VILLA SINGOLA - 220 mq ca.
ROMA - Aurelia,libera:su 2 livelli,P.T.ingresso,salone,cucina,bagno,camera.1°P:3 camere,bagno giardino di 800m.q.box triplo.
**L. 450.000.000**

❺

❽

CAPANNONI laboratori uffici in Milano, varie metrature, vendiamo in leasing, senza anticipo. Milano 46.90.732.

1) Un funzionario (giornalista, impiegato, programmista) della Rai, sposato con 2 figli, cerca un appartamento vicino al posto di lavoro.
**Annuncio n. .............**

2) Pittore (artista, scultore) appassionato di vela (windsurf o pesca) cerca casa anche fuori Roma purché indipendente.
**Annuncio n. .............**

3) Privato milanese cerca capannone da acquistare.
**Annuncio n. .............**

4) Società romana cerca ufficio.
**Annuncio n. .............**

5) Pensionato cerca bar ben avviato in zona centrale per inizio attività a Milano.
**Annuncio n. .............**

6) Straniero a Roma per un breve periodo cerca appartamento arredato anche piccolo.
**Annuncio n. .............**

7) Dipendente compagnia aerea in servizio all'aereoporto di Ciampino cerca monolocale vicino al posto di lavoro.
**Annuncio n. .............**

8) Famiglia numerosa con animali domestici cerca sistemazione adeguata.
**Annuncio n. .............**

| **8**<br>A | *Giorgio e Luisa devono arredare il loro nuovo appartamento.*<br>*Ascoltate quello che dicono e completate il dialogo con gli elementi da*<br>*disporre nella loro casa.* |

| Giorgio: | E' proprio luminoso, e sembra anche spazioso. Questo è il salotto. Qui possiamo mettere il ........... e le ........... |
| Luisa: | No, io vorrei il soggiorno nell'altra stanza perché c'è il terrazzo, e qui metterei invece la .............<br>Qui possiamo sistemare il .......... e i due .......... |
| Giorgio: | Sì, forse hai ragione; ora passiamo al soggiorno: sulla parete di destra si può inserire il .......... da pranzo con le ........, una .......... e il ......... di Filippo; sulla sinistra, invece, vicino al .......... mettiamo il ......... con a fianco il .......... e, dietro alla poltrona una grande ......... |
| Luisa: | E la cucina? E' abbastanza grande per tutti gli elettrodomestici? Dobbiamo sistemarci la .........., il .......... e la ......... a gas. |
| Giorgio: | Secondo me non dobbiamo preoccuparci dello spazio, ma di come pagare il mutuo per la casa e i mobili! |

**9**

S

*Leggete l'annuncio e completate la lettera che il padrone dell'appartamento invia al direttore del giornale.*

---

**CENTRO - Via del Corso appartamento signorile 120 mq., salone, 2 camere, cucina, doppi servizi, 3 balconi, cantina, garage, termoautonomo Tel. 6975843 (14-16).**

---

Gent.mo Direttore,

devo vendere un appartamento e desidero perciò pubblicare un annuncio sul suo giornale. Si tratta di un ............ signorile, situato in ............, della grandezza di ........ mq.

L'appartamento è composto da: 2 ........., un ........., tre ........, una ..........., doppi .........L'appartamento comprende anche un ......... e una...........

Per ulteriori informazioni rivolgersi al numero telefonico ............ dalle ore ......... alle............

Distinti saluti

Andrea Di Stefano

---

**10**

S

*Descrivete la vostra casa*

_____

_____

_____

_____

_____

**11**

L

*Leggete il brano ed indicate quante volte appare e a quali diverse cose si riferisce l'aggettivo grande.*

Il più GRANDE PARCO DIVERTIMENTI d'Italia, immerso nel verde con 400.000 mq a tua disposizione.

Una delle più GRANDI ATTRAZIONI al mondo, I CORSARI, 7.000 mq di avventure vissute a 15 metri di profondità.

Il più GRANDE PALCOSCENICO d'Europa, con un cast internazionale di 140 ARTISTI per 50 spettacoli ogni giorno, sfilate, animazione e musica.

Il più GRANDE numero di ATTRAZIONI in Italia, divertimento per tutti i gusti, dalle forti emozioni alle fantastiche magie.

Una GRANDE ORGANIZZAZIONE: 1.000 persone per accoglierti, 16 punti di ristoro, 14 negozi, 5.000 posti auto.

**Gardaland®**
IL TUO MONDO DELLA FANTASIA

*Vivi alla grande, vivi Gardaland.*

## In questa unità avete imparato a:

— Chiedere/dare informazioni
  riguardo a una casa.

- *Dove si trova?*
- *In via Nazionale....*
- *A che piano è?*
- *Al 5° piano.*

— Descrivere una casa.

- *Ci sono due stanze, cucina, bagno ....*

— Fare confronti.

- *Questa stanza è più grande di quella.*

- *Le margherite non sono profumate come le rose.*

## Scheda culturale

### Il folklore in Italia

In tutta Italia si può assistere, in vari periodi dell'anno, a feste, processioni, giostre medioevali e cortei storici, fiere, sagre e manifestazioni popolari di ogni genere che sono testimonianze di radici storico-culturali profonde e riferimento ad antiche tradizioni contadine legate alla terra e ai cicli agro-pastorali, esaltati spesso da una profonda religiosità.

Tali celebrazioni si ripetono con cadenza quasi sempre annuale e alcune di esse hanno ormai raggiunto importanza internazionale, come ad esempio il famoso Palio di Siena (2 luglio e 16 agosto) durante il quale i fantini, che rappresentano le 17 contrade in cui è divisa la città, compiono tre giri della piazza del Campo, sui loro cavalli lanciati in una sfrenata corsa, per disputarsi il Palio, stendardo di velluto con l'immagine della Madonna, donato alla contrada vincitrice dalle donne di Siena.

Ma la parte più pittoresca del Palio è "la passeggiata", una grandiosa sfilata delle contrade in costume con la suggestiva partecipazione degli sbandieratori.

Particolarmente sentita è la festività del carnevale, accompagnato in molte città da manifestazioni folcloristiche con sfilate di carri allegorici e maschere tipiche della tradizione italiana come Arlecchino, Pulcinella, Colombina, Pantalone etc.....

Molto rinomati sono il carnevale di Viareggio, di Putignano e quello di Venezia che richiamano folle di visitatori e di spettatori.

E ancora a Venezia, la prima domenica di settembre, ha luogo la suggestiva regata storica durante la quale le "bissone", chiatte legate insieme e riccamente addobbate, sfilano nelle acque del Canal Grande in ricordo della potenza di Venezia ai tempi delle antiche Repubbliche Marinare.

## Alla mensa

Carla:      Andiamo, è tardi. La mensa chiude fra poco.
Dimitri:    Non è molto tardi, sono solo le due meno un quarto.

*Alla mensa*

Carla:      Che bello! Oggi ci sono i cannelloni, a me piacciono molto e a te?
Dimitri:    Non lo so, cosa sono?
Carla:      Sono rotoli di pasta fresca fatta con uova e farina, riempiti di
            carne, conditi col sugo e passati al forno.
Dimitri:    Mmm, devono essere buoni. Prendiamoli.
Carla:      Va bene, e per secondo cosa vuoi? Carne o pesce?
Dimitri:    Prendo la bistecca se non è al sangue. A me piace ben cotta.
Carla:      A me, invece, la carne piace poco. Allora prendo i pomodori grati-
            nati e, dopo, un po' di fragole con panna montata.
            Tu non prendi il contorno?
Dimitri:    No, è troppo per me. E poi le verdure non mi piacciono.
            E da bere? Cosa beviamo?
Carla:      Io bevo volentieri un po' di vino bianco ghiacciato. E tu che bevi?
Dimitri:    Vino anche per me.

*Alla cassa*

*Dimitri:* Quant'è?
*Cassiera:* 18.000 lire.
*Carla:* E io, quanto pago?
*Cassiera:* 13.000.
*Carla e*
*Dimitri:* Grazie, arrivederci.

# Verifica

*Elencate cosa mangiano, cosa bevono e quanto pagano Dimitri e Carla.*

|  | **Dimitri** | **Carla** |
|---|---|---|
| Bevande | ........................... | ........................... |
| I° piatto | ........................... | ........................... |
| II° piatto | ........................... | ........................... |
| contorno | ........................... | ........................... |
| frutta | ........................... | ........................... |
| dolce | ........................... | ........................... |
| costo del pranzo | ........................... | ........................... |

## Ampliamento lessicale

Formaggi

*parmigiano*
*mozzarella*
*ricotta*
*gorgonzola*
*provolone*
*pecorino*

Verdure

*insalata*
*carote*
*cavolo*
*patate*
*piselli*
*melanzane*
*spinaci*
*cipolle*
*peperoni*
*zucchine*
*asparagi*
*broccoli*

Affettati

*prosciutto*
*(crudo e cotto)*
*salame*
*salsiccia*
*mortadella*
*speck*
*bresaola*

Frutta

*mele*
*pere*
*arance*
*mandarini*
*pesche*
*albicocche*
*ciliege*
*uva*

Dolci

*torta*
*budino*
*semifreddo*
*gelato*

# Uso della lingua

*Per esprimere i propri gusti si usano varie espressioni.*

| | | |
|---|---|---|
| entusiasmo<br><br>+ + | ● mi piace/mi<br>mi piacciono | tanto/molto/un sacco |
| | ● è/sono<br>● mi fa/fanno<br>● vado pazzo per<br>● è il mio/la mia | la mia passione<br>impazzire<br><br>preferito/a |
| gradimento<br><br>+ | ● mi piace<br><br>● mi piace abbastanza | |
| indifferenza<br><br>+ − | ● mi piace poco<br>● non mi piace tanto<br>● mi è indifferente<br>● non mi fa certo impazzire | |
| non gradimento<br><br>− | ● non mi piace | |
| avversione<br><br>− − | ● non mi piace affatto/ per niente | |

## Fonetica

**Opposizioni fonologiche**

ll [ll]: palla   callo   pelle   bellina   fallo   dillo   spalla   cavallo
rl [rl]: parla   Carlo   perle   berlina   farlo   dirlo   sparla   cavarlo

mb [mb]: bomba   cambio   rombo   lembo   gamba   gambo
mp [mp]: pompa   ampio   rompo   lampo   campa   campo

mbr [mbr]: ombra   sembra   sgombro   imbracare
mpr [mpr]: compra   sempre   compro   imprecare

mpl [mpl]: semplice ampliare complicato   complice   complesso   completo
mpr [mpr]: sempre comprare rimproverato comprimere compresso comprato

## Attività comunicative

**1**

S

*Sulla base dei vostri gusti riempite la seguente tabella con i nomi di frutta, verdure e formaggi.*

| ++ | + | - | - + | - - |
|----|---|---|-----|-----|
|    |   |   |     |     |
|    |   |   |     |     |
|    |   |   |     |     |

**2**

P

*Ora intervistate il vostro compagno (informale).*

es.: A: Ti piacciono le ciliege?
B: Sì, mi fanno impazzire.

**3**

P

*Informatevi sui gusti del vostro vicino chiedendo quali formaggi, verdure o frutta preferisce (formale).*

es.: A: Le piacciono i formaggi?
B: Sì, mi piacciono / No, non mi piacciono.
A: Quale formaggio preferisce?
B: Preferisco il parmigiano / non lo so... mi piacciono tutti.

| 4 | *Vi trovate sul treno Roma-Bologna all'ora di cena. Avete fame e andate al servizio ristoro.* |

L

Cosa scegliete? Quanto pagate? Quanto ricevete di resto? Questo è il listino prezzi.

| **Cosa scegliete** | **Prezzo pagato** | **Resto ricevuto** |
|---|---|---|
| ............................... | ....................................... | .............................. |
| ............................... | ....................................... | .............................. |
| ............................... | ....................................... | .............................. |

| 5 | *Adesso chiedete al vostro compagno cosa sceglie, quanto paga e se riceve resto (informale)* |

P

**6** *Guardate le foto di quattro piatti tipici.*

L

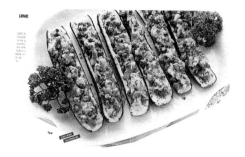

**Parmigiana:** *covered sauce*
*melanzane fritte, condite con sugo,*
*mozzarella, parmigiano e messe al*
*forno.*

**Zucchine ripiene:**
*zucchine ripiene di carne macinata e*
*passata al forno.*

**Pomodori col riso:**
*pomodori ripieni di riso, conditi e*
*cotti al forno e serviti con patate.*

**Fritto misto all'italiana:**
*crocchette di patate, animelle, zuc-*
*chine, condite e poi passate nell'uovo*
*e dopo nella farina, infine fritte.*

*Leggete attentamente la descrizione dei piatti e completate il seguente dialogo.*

| | |
|---|---|
| Cameriere: | ......... Signora. |
| Signora Smith: | ......... |
| Cameriere: | Cosa ......... servirle? |
| Signora Smith: | .... mi consiglia? |
| Cameriere: | Oggi ......... parmigiana o pomodori col riso. |
| Signora Smith: | Che cosa ..........? |
| Cameriere: | Sono ......... condite con sugo e mozzarella e ......... |
| Signora Smith: | No, grazie. Non ......... i formaggi. |
| Cameriere: | Allora perché non ......... i nostri pomodori .........? |
| | Sono ......... di riso ......... con olio, basilico, un po' di aglio e ......... con patate. |

**7**

S

*Scrivete, insieme al vostro compagno, un dialogo simile al precedente. Il cameriere vi consiglia zucchine ripiene e fritto misto.*

**8**

A

*Ascoltate il dialogo tra Carla e Renato e segnate con X le cose che Renato deve comprare.*

| | | |
|---|---|---|
| **pasta** | **pere** | **pesce** |
| **uova** | **patate** | **spinaci** |
| **riso** | **arance** | **latte** |
| **farina** | **aceto** | **zucchine** |
| **mele** | **zucchero** | **marmellata** |
| **pomodori** | **caffè** | **burro** |
| **biscotti** | **olio** | **vino** |
| **mozzarella** | **panini** | **carne** |

**9**

L

*Leggete attentamente l'elenco delle aree professionali che vi interessano maggiormente e riempite la scheda in modo personale.*

### Un nuovo programma Tv per cercare lavoro

Vuoi diventare stilista o copywriter? Segretaria o responsabile marketing? Spedisci questo tagliando. Con un pizzico di fortuna potrai lanciare un appello in televisione. E trovare la tua strada... in diretta

**SE CERCATE LAVORO O VOLETE CAMBIARLO RIEMPITE LA SCHEDA**

COGNOME _____

NOME _____

INDIRIZZO _____

COMUNE _____ CAP_____ PROV._____

TELEFONO _____ ANNO DI NASCITA _____ SESSO: ❑ M ❑ F

TITOLO DI STUDIO: ❑ Licenza Media ❑ Diploma ❑ Qualifica Professionale ❑ Laurea

ATTUALMENTE: ❑ Occupato ❑ Disoccupato

QUALE LAVORO VOLETE FARE? _____

SE POSSIBILE IDENTIFICATE L'AREA PROFESSIONALE CORRISPONDENTE BARRANDO UNA DELLE SEGUENTI CASELLE:

❑ Banche, Servizi Finanziari e Assicurazioni
❑ Trasporti
❑ Telecomunicazioni
❑ Editoria, Pubblicità e Grafica
❑ Audiovisivi, Spettacolo e Musica
❑ Istruzione e Cultura
❑ Sanità e Assistenza
❑ Commercio e Distribuzione
❑ Turismo, Ristorazione, Alberghiero
❑ Sport e Tempo Libero
❑ Altri Mestieri

❑ Metallurgia e Fonderia
❑ Lavorazioni Meccaniche
❑ Elettronica e Elettrotecnica
❑ Chimica e Farmaceutica
❑ Ceramica, Vetro e Materiali da Costruzione
❑ Edilizia e Lavori Pubblici
❑ Tessile, Abbigliamento e Cuoio
❑ Legno e Mobili
❑ Carta e Cartotecnica
❑ Agricoltura
❑ Industria Alimentare
❑ Energia (Luce, Gas, Acqua) ed Estrazione

❑ Amministrazione e Finanza delle Imprese
❑ Segreteria e Impieghi di Ufficio
❑ Commerciale e Marketing
❑ Progettazione e Ricerca
❑ Informatica
❑ Gestione delle Risorse Umane
❑ Manutenzione
❑ Gestione della Produzione e Controllo

INDICATE LA PROVINCIA CHE VI INTERESSA COME SEDE DI LAVORO (sigla) _____

DISPONIBILTÀ A TRASFERIRSI: ❑ SI ❑ NO

DATA _____ FIRMA _____

SPEDITE A: UN TERNO AL LOTTO RAITRE VIA MUGGIA, 21 00195 ROMA

Scheda di partecipazione a

UN TERNO AL LOTTO.

Un programma TV

condotto da Oliviero Beha

in onda su Raitre

ogni martedì alle 20:30

dal 7 maggio.

Potrete essere chiamati

nel corso della trasmissione

e ricevere offerte di lavoro.

**10**

P

Confrontate la vostra scelta con quella del vostro compagno e spiegate i motivi delle vostre preferenze.

## In questa unità avete imparato a:

– Esprimere gusti.

– Esprimere preferenze in merito a cibi e a bevande.

– *A me piacciono molto i cannelloni.*

– *Le verdure non mi piacciono.*

– *A me la bistecca piace ben cotta.*

– *Io bevo volentieri un po' di vino bianco ghiacciato.*

## *Scheda culturale*

### L'artigianato in Italia

Ricco di esperienze e di tradizioni secolari, l'artigianato italiano dà un contributo notevole alla struttura economica del paese.

I prodotti dell'artigianato italiano, spesso delle vere e proprie opere d'arte, sono conosciuti ed apprezzati nel mondo intero.

Le imprese artigianali sono distribuite su tutto il territorio nazionale. Il governo italiano incoraggia in modo particolare l'artigianato per promuoverne lo sviluppo.

Ogni regione ha i suoi prodotti caratteristici; ad esempio le ceramiche si producono a Faenza (Romagna), Orvieto, Deruta e Assisi in Umbria, Castelli negli Abruzzi, mentre per le piastrelle, sono conosciute Vietri (Campania), Ruvo e Grottaglie in Puglia.

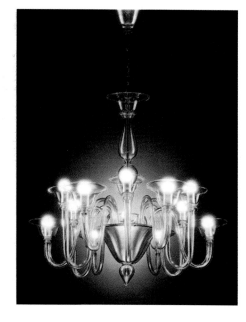

Il vetro, nelle sue migliori forme artistiche, viene lavorato a Murano (Venezia). Sempre nella laguna di Venezia, sull'isola di Burano, si trova la lavorazione dei pizzi e dei merletti. L'arte dell'oreficeria appartiene per tradizione alla Toscana (Firenze ed Arezzo). I lavori in marmo vengono da Carrara e, sempre in Toscana, abbiamo gli oggetti in alabastro di Volterra. Le sculture in legno provengono dall'Alto Adige; la lavorazione artigiana delle pelli è diffusa in quasi tutta l'Italia.

A Castelfidardo, nelle Marche, c'è un noto centro artigiano di strumenti musicali, soprattutto di fisarmoniche esportate in tutto il mondo. Sempre nello stesso campo, infine, in Lombardia, a Cremona, città di origine dei più grandi liutai del mondo (Stradivarius e Guarnieri), si producono ancora dei violini molto apprezzati.

Per la lavorazione del corallo sono molto noti i centri di Castelfranco (Sardegna) e Torre del Greco (Napoli, Campania).

L'artigianato rappresenta da sempre in Italia un'attività economica tradizionale che è anche un riflesso dei costumi e della cultura popolare.

# Pranzo in famiglia

| | |
|---|---|
| *Hans e Brigitte*: | Buon giorno. |
| *Piero:* | Buon giorno, entrate. Mamma, papà, questi sono Hans e Brigitte. |
| *Genitori:* | Buon giorno ragazzi. |
| *Sig.ra Lucia:* | Su venite. Oh! Mi avete portato dei fiori! Grazie, sono stupendi. Che pensiero gentile! Posso offrirvi un aperitivo? Un Martini, un Prosecco oppure preferite un analcolico? |
| *Brigitte:* | Un Prosecco, grazie, ma solo un po'. |
| *Sig. Antonio:* | ... E tu Hans preferisci un Martini? |
| *Hans:* | Sì, grazie. |

| | |
|---|---|
| *Sig.ra Lucia:* | Ecco il resto della famiglia. |
| *Piero:* | Hans, Brigitte questi sono mio nonno, mia nonna, mia sorella Cristina e mio cognato Pierluigi. |
| *Sig.ra Lucia:* | Che bello i nonni hanno portato un dolce alla crema! Io ho preparato il mille foglie. Bene, ora siamo tutti, vero? Andiamo a tavola. |
| *Cristina:* | Cosa hai preparato di buono oggi mamma? |
| *Sig.ra Lucia:* | Ho fatto i ravioli di ricotta e spinaci al ragù. |
| *Piero:* | E' una delle sue specialità! Mamma è sempre contenta di preparare piatti tipici per gli ospiti. |

| | |
|---|---|
| *Hans:* | Che buon profumo! |
| *Brigitte:* | Squisiti! Complimenti signora! |
| *Sig.ra Lucia:* | Ancora un po' di ravioli ragazzi? Non avete mangiato molto. |
| *Hans:* | Sì, grazie signora, sono veramente buoni! |
| *Brigitte:* | No, grazie signora, li ho già ripresi una volta. |
| *Piero:* | Sai, nonna, hanno telefonato poco fa i cugini da Napoli e hanno detto che vengono domenica prossima. |
| *Nonna:* | Allora, domenica tutti i nipoti a pranzo da me. |

# Verifica

*Rispondete alle seguenti domande.*

1) Dove sono Hans e Brigitte?
2) Che giorno è?
3) Chi sono gli invitati?
4) Cosa offre la signora Lucia?
5) Cosa beve Hans?
6) Cosa beve Brigitte?
7) Cosa portano Hans e Brigitte alla signora Lucia?
8) Cosa portano i nonni alla signora Lucia?
9) Cosa ha preparato la signora Lucia per pranzo?
10) Chi viene domenica prossima?

# Ampliamento lessicale

| Parentela | Sulla tavola | Pasti del giorno | Al bar |
|---|---|---|---|
| suocero/a | cucchiaio | spuntino | nocchioline |
| genero/nuora | tovagliolo | merenda | salatini |
| cugino/a | piatto fondo | | tartine |
| nipote | | | olive |
| | | | caffè |
| | | | digestivo |
| | | | cappuccino |
| | | | spremuta |
| | | | patatine |

*nonno / nipote*

*coltello*

*colazione*

*caffè*

*piatto*

*zia*

*bicchiere*

ola – far

*pranzo*

*gelato*

*cornetto*

*zio*

*forchetta*

*tramezzino*

*cena*

*tovaglia*

*panino*

spoon –
un cucchiaio
cucchiaino – teaspoon

# Uso della lingua

**1**    *Per offrire, accettare o rifiutare qualcosa si usano varie espressioni.*

| offrire | accettare | rifiutare |
|---|---|---|
| posso offrire...? (f./inf.) | sì, grazie (f./inf.) | no, grazie (f./inf.) |
| posso offrirle...? (form.) | prendo...(inf.) | no, non mi va (inf.) |
| posso offrirti...? (inf.) | sì, volentieri (f./inf.) | |
| vuole...? (f.), vuoi...? (inf.) | Va bene (inf.) | |
| prende...? (f.), bevi ...? (inf.) | sì/no grazie (f./inf.) | |
| gradisce...? (f.) | | |

☛    E' buona educazione dare spiegazione del rifiuto.

es.: no, grazie, non ho fame.
no, grazie, non ho sete.
no, grazie, ho appena... (più participio passato) bevuto, visto...
no, grazie, ho mangiato abbastanza.
no, grazie, sono astemio / bevo solo acqua.
no, grazie, sono a dieta / sono vegetariano.

**2**    *In italiano dimostriamo la nostra approvazione con una serie di frasi o di esclamazioni. In occasione di un pranzo, ad esempio, possiamo usare le seguenti espressioni.*

Che bello! Bene! Oh! Ah! Mm!
Che (buon) profumo! Squisito/a/i/e! Complimenti!
E' veramente/proprio buono! Che meraviglia!

# Fonetica

## Opposizioni fonologiche

S + consonante

La lettera │ s │ ad inizio di parola, può essere sorda [s] o sonora [z]

| | | | | | | |
|---|---|---|---|---|---|---|
| sb [zb]: | sbarco | sbarra | sbirro | sbarbare | sbocco | sbagliato |
| sp [sp]: | sporco | spara | spiro | sparlare | spacco | spagliato |

| | | | |
|---|---|---|---|
| sd [zd]: | sdentato | sdegno | sdoppie |
| st [st]: | stentato | stagno | stoppie |

| | | | | | |
|---|---|---|---|---|---|
| sg [zg]: | sgabello | sganciare | sgambato | sgolarsi | sgarbata |
| sc [sk]: | scalpello | scacciare | scampato | scolarsi | scarpata |

| | | | | | |
|---|---|---|---|---|---|
| sv [zv]: | svita | svociato | svenire | svendo | svasato |
| sf [sf]: | sfida | sfociato | sfinire | sfondo | sfasato |

## Attività comunicative

**1** *Guardate la tabella e formate mini dialoghi*

S

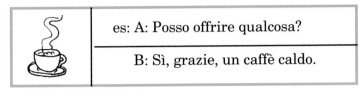

| | |
|---|---|
| | es: A: Posso offrire qualcosa? |
| | B: Sì, grazie, un caffè caldo. |

*Usate le espressioni di pag. 201*

| | | |
|---|---|---|
| LATTE | A | |
| | B | |
| | A | |
| | B | |
| | A | |
| | B | |
| | A | |
| | B | |
| | A | |
| | B | |

**2** *Trovate le risposte giuste alle seguenti domande.*

p 1) Prendi lo zucchero nel caffè?
2) Vuole ancora spaghetti?
3) Prendi qualcosa da mangiare?
4) Vuoi un bicchiere di vino?
5) Gradisce un tè?
6) Posso offrirti una Coca-Cola?
7) Prendi l'arrosto?
8) Ti va un amaro?

a) No, grazie, bevo solo acqua.
b) No, grazie, sono astemio.
c) No, grazie, l'ho appena preso.
d) No, grazie, sono vegetariano.
e) No, grazie, non ho fame.
f) No, grazie, ho mangiato abbastanza.
g) No, grazie, sono a dieta.
h) No, grazie, non ho sete.

**3** Formate un dialogo seguendo le indicazioni.

P

| A | B |
|---|---|
| offre qualcosa da bere ad un amico | accetta |
| offre qualcosa da mangiare | rifiuta dando spiegazioni |
| offre qualcosa di speciale fatta da lui | accetta e fa i complimenti |

**4** Ricostruite un dialogo simile al seguente, facendo tutte le sostituzioni possibili delle parti sottolineate (per le sostituzioni vedere pagg. 200-201).

S

Barista: – Buon giorno, cosa prende?
Cliente: – Un cappuccino, e cosa c'è da mangiare?
Barista: – Gradisce una pizzetta?
Cliente: – Sì, grazie.

**5** Ascoltate la conversazione e indicate con la X il nome dei panini scelti dai ragazzi.

A

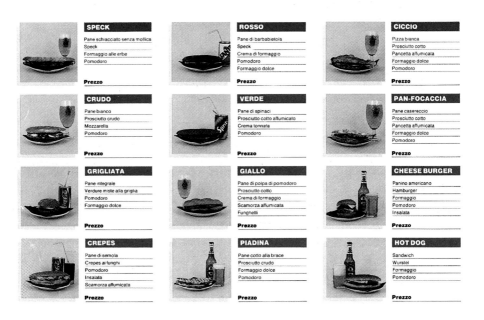

| SPECK |
|---|
| Pane schiacciato senza mollica |
| Speck |
| Formaggio alle erbe |
| Pomodoro |
| **Prezzo** |

| ROSSO |
|---|
| Pane di barbabietola |
| Speck |
| Crema di formaggio |
| Pomodoro |
| Formaggio dolce |
| **Prezzo** |

| CICCIO |
|---|
| Pizza bianca |
| Prosciutto cotto |
| Pancetta affumicata |
| Formaggio dolce |
| Pomodoro |
| **Prezzo** |

| CRUDO |
|---|
| Pane bianco |
| Prosciutto crudo |
| Mozzarella |
| Pomodoro |
| **Prezzo** |

| VERDE |
|---|
| Pane di spinaci |
| Prosciutto cotto affumicato |
| Crema tonnata |
| Pomodoro |
| **Prezzo** |

| PAN-FOCACCIA |
|---|
| Pane casereccio |
| Prosciutto cotto |
| Pancetta affumicata |
| Formaggio dolce |
| Pomodoro |
| **Prezzo** |

| GRIGLIATA |
|---|
| Pane integrale |
| Verdure miste alla griglia |
| Pomodoro |
| Formaggio dolce |
| **Prezzo** |

| GIALLO |
|---|
| Pane di polpa di pomodoro |
| Prosciutto cotto |
| Crema di formaggio |
| Scamorza affumicata |
| Funghetti |
| **Prezzo** |

| CHEESE BURGER |
|---|
| Panino americano |
| Hamburger |
| Formaggio |
| Pomodoro |
| Insalata |
| **Prezzo** |

| CREPES |
|---|
| Pane di semola |
| Crepes ai funghi |
| Pomodoro |
| Insalata |
| Scamorza affumicata |
| **Prezzo** |

| PIADINA |
|---|
| Pane cotto alla brace |
| Prosciutto crudo |
| Formaggio dolce |
| Pomodoro |
| **Prezzo** |

| HOT DOG |
|---|
| Sandwich |
| Wurstel |
| Formaggio |
| Pomodoro |
| **Prezzo** |

**6** *Leggete il seguente brano.*

L

> Il signor Francesco Manca e sua moglie Silvia vedono spesso il figlio Antonio e la nuora Lucia, mentre non vedono quasi mai la figlia Giovanna e il genero Luciano, perché vivono a Napoli.
>
> Oggi, domenica, sono contenti di averli a pranzo con loro, insieme al resto della famiglia. Il marito di Giovanna, per l'occasione, ha portato una pipa al suocero e una sciarpa alla suocera. Lorenzo e Maria Pia hanno scelto un libro per la zia Lucia e un disco di musica classica per lo zio Antonio.

Questo è l'albero genealogico della famiglia Manca:

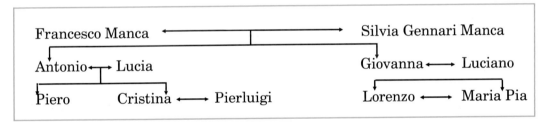

*Ora con l'aiuto dell'albero genealogico della famiglia Manca, dite qual è il rapporto di parentela delle seguenti persone.*

es.: Giovanna è la madre di Maria Pia e Maria Pia è la figlia di Giovanna.

Maria Pia / Giovanna      Silvia / Lucia
Lorenzo / Lucia      Antonio / Lucia
Piero / Francesco      Cristina / Luciano
Silvia / Luciano      Antonio / Piero

**7** *Ora immaginate di essere uno dei componenti della famiglia Manca e guardando l'albero genealogico, descrivete i rapporti di parentela con il*

P    *resto della famiglia.*

> es.: Io sono Piero e sono il figlio di Antonio e Lucia Manca, ho una sorella, Cristina. Mio cognato si chiama Pierluigi. I miei cugini si chiamano Lorenzo e Maria Pia. I miei zii ....

**8** *Ora scrivete un breve paragrafo sulla vostra famiglia.*

S

| 9 | *Leggete il seguente articolo e rispondete alle domande* |

L

## ★ IL DIETOLOGO

### Che buono il cacio con le pere.

*I latticini sono indispensabili per l'apporto di calcio, ma oggi sono anche i maggiori imputati...*

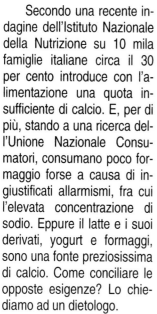

|  | porzione/g | sodio/mg | calcio/mg |
|---|---|---|---|
| Mozzarella fior di latte | 125 | 443 | 503 |
| Grana Padano | 50 | 511 | 645 |
| Taleggio | 70 | 807 | 393 |
| Gorgonzola | 50 | 707 | 306 |
| Formaggini | 60 | 606 | 258 |

### Cosa c'è in quel pezzetto di formaggio?

E' vero che più un formaggio è stagionato più cresce la concentrazione di sodio, ma è anche vero che se ne mangia meno. Pertanto, anziché riferirli a 100 g di prodotto, abbiamo rapportato i valori di sodio a una porzione normale dei vari tipi di formaggio.

Secondo una recente indagine dell'Istituto Nazionale della Nutrizione su 10 mila famiglie italiane circa il 30 per cento introduce con l'alimentazione una quota insufficiente di calcio. E, per di più, stando a una ricerca dell'Unione Nazionale Consumatori, consumano poco formaggio forse a causa di ingiustificati allarmismi, fra cui l'elevata concentrazione di sodio. Eppure il latte e i suoi derivati, yogurt e formaggi, sono una fonte preziosissima di calcio. Come conciliare le opposte esigenze? Lo chiediamo ad un dietologo.

"Il calcio è un elemento minerale indispensabile per la formazione delle ossa e il corretto funzionamento dell'organismo. La dose minima giornaliera suggerita è di 1000/1200 mg.. Il formaggio è indubbiamente la miglior fonte di calcio: una porzione di pecorino, per esempio, fornisce oltre la metà del fabbisogno". Già, ma i formaggi sono anche ricchi di sale quindi che cosa suggerisce per bilanciare la quota di sodio del formaggio?

"Al contadino non far sapere quanto è buono il cacio con le pere... In fondo è giusto: consumare contemporaneamente frutta o verdura ricche di potassio e di fibre, consente di ridurre e diluire l'azione di un possibile surplus di sodio per chi ha problemi di pressione arteriosa.

1) Quali sono i risultati della ricerca dell'Istituto Nazionale della Nutrizione?

2) E quelli dell'Unione Nazionale Consumatori?

3) Quale è la quantità di calcio per il fabbisogno giornaliero?

4) Quali sono i consigli per diluire l'azione del sodio?

5) In base alla tabella dietetica qual è il formaggio più ricco di sale?

6) E quello più ricco di calcio?

| 10 | Ascoltate il seguente brano e completate con le informazioni mancanti. |

A

| COSE DA FARE | COSE DA NON FARE |
|---|---|
| – Per le scale ........................... ............................................ | – Per le scale non ........................ ............................................ |
| – Se qualcuno deve prendere l'ascensore ........................... | – Nelle ore dei pasti non.............. ............................................ |
| – Di notte e nei giorni festivi .... ............................................ | – Durante tutta la giornata non ......................................... |
| – Se avete un cane ................... ............................................ | – Se l'ascensore è occupato........... ............................................ |

## In questa unità avete imparato a:

| | |
|---|---|
| – Offrire qualcosa. | – *Posso offrirvi un aperitivo?*<br>– *Vuole...?*<br>– *Prende...?*<br>– *Mangia...?*<br>– *Ti va di...?* |
| – Accettare. | – *Sì, grazie, volentieri.*<br>– *Va bene, grazie.*<br>– *Mi va...* |
| – Rifiutare in modo corretto. | – *No, grazie, ho appena bevuto un caffè.* |
| – Complimentarsi. | – *E' veramente buono!*<br>– *Che buon profumo! Che meraviglia!* |
| – Capire i legami di parentela. | – *Mario è il fratello di Giovanni.* |

*Scheda culturale*

## Gli italiani e la tavola

I pasti principali, in Italia, sono di solito tre:

la colazione, il pranzo e la cena. Ma per molti sono due: il pranzo e la cena. Per colazione infatti la maggior parte degli italiani beve solo una tazza di caffè a casa o al bar. Per molti ancora oggi il pranzo è il pasto più abbondante della giornata e consiste in un primo piatto, pasta o riso; un secondo, carne o pesce con contorno di verdura e frutta fresca. la cena, invece, è un pasto più leggero: una minestra, formaggi o uova, verdure e frutta.

Oggi, però, assistiamo a dei profondi cambiamenti nei modi di vivere. Anche se agli italiani piace ancora la cucina tradizionale, cominciano ad avvicinarsi al fast food ed alle novità. Il fuori pasto sta diventando un fatto così diffuso da rientrare anch'esso tra le abitudini più diffuse.

La gente pensa solo alla linea e ignora così i piaceri del palato. Comincia a diffondersi anche da noi, come in altri paesi occidentali l'abitudine del "piatto unico" in grado di risolvere problemi di calorie ma anche di tempo.

## TAVOLA DELLE CALORIE

# L'IMPORTANTE È BILANCIARE.

Un'alimentazione varia e bilanciata è il primo passo per una vita sana. Non esiste un cibo che di per sé faccia bene o male, tutto dipende da come lo inseriamo nella nostra dieta. I carboidrati ci danno l'energia per il movimento. Le proteine servono soprattutto per lo sviluppo. I grassi, sia animali che vegetali, forniscono il maggiore apporto energetico. Consultate la tabella a fianco: potrete rendervi conto della composizione dei prodotti e scegliere giorno dopo giorno, il menu più adatto al vostro fabbisogno e alle vostre abitudini.

| VERDURE | |
|---|---|
| Asparagi | 20 |
| Broccoli | 42 |
| Carciofi | 38 |
| Carote | 46 |
| Cavolfiore | 31 |
| Cavoli | 23 |
| Cav. di Bruxelles | 54 |
| Cetrioli | 17 |
| Cipolle nuove | 27 |
| Fagioli bianchi | 340 |
| Fagiolini | 17 |
| Finocchi | 6 |
| Lattuga | 20 |
| Patate | 85 |
| Patate fritte | 570 |
| Peperoni | 17 |
| Piselli sgranati | 90 |
| Pomodori | 24 |
| Sedano | 14 |
| Spinaci | 36 |
| Zucchine verdi | 16 |

| CARNE | |
|---|---|
| " di bue | 100 |
| " di vitello | 90 |
| " di castrato semigrassa | 230 |
| " di coniglio magra | 160 |
| " di maiale semigrassa | 220 |
| " di pollo magra | 195 |
| " di tacchino magra | 180 |
| Fegato di bue | 140 |
| Fegato di vitello | 135 |
| Lingua di bue | 230 |
| Trippa di bue | 77 |

| SALUMI | |
|---|---|
| Mortadella | 430 |
| Prosciutto cotto | 420 |

| | |
|---|---|
| Prosciutto crudo | 505 |
| Salame | 520 |
| Salsiccia fresca | 340 |
| Salsiccia secca | 500 |
| Würstel | 340 |

| PESCI | |
|---|---|
| Acciughe | 100 |
| Merluzzo | 84 |
| Sardine conser. | 225 |
| Sogliole | 84 |
| Tonno conser. | 245 |
| Trote | 84 |

| DOLCIUMI | |
|---|---|
| Biscotti comuni | 352 |
| Cioccolato fondente | 610 |
| Cioccolato al latte | 545 |
| Marmellata | 275 |
| Miele | 310 |
| Zucchero | 410 |

| PANE - CEREALI | |
|---|---|
| Crakers | 400 |
| Grissini | 425 |
| Pane | 260 |
| Pasta | 360 |
| Riso | 355 |

| FRUTTA | |
|---|---|
| Albicocche | 35 |
| Arance | 33 |
| Banane | 91 |
| Ciliege | 41 |
| Cocomeri | 14 |
| Fichi freschi | 64 |
| Fichi secchi | 290 |
| Fragole | 36 |
| Limoni | 7 |
| Mandarini | 43 |

| | |
|---|---|
| Mele | 49 |
| Meloni | 29 |
| Noci | 705 |
| Pere | 50 |
| Pesche | 74 |
| Pompelmi | 39 |
| Prugne secche | 270 |
| Susine | 60 |
| Uva | 74 |

| UOVA - LATTE | |
|---|---|
| Uova intere crude | 155 |
| Latte di mucca screm. | 37 |

| FORMAGGI E LATTICINI | |
|---|---|
| Fontina | 330 |
| Formaggini | 260 |
| Gorgonzola | 365 |
| Groviera | 420 |
| Yogurt | 70 |
| Mozzarella | 270 |
| Panna | 340 |
| Parmigiano | 405 |
| Pecorino | 370 |
| Stracchino | 305 |

| GRASSI E OLI | |
|---|---|
| Burro | 770 |
| Lardo | 900 |
| Maionese | 720 |
| Margarina | 765 |
| Olio d'oliva | 900 |
| Olio di semi | 910 |

| BEVANDE | |
|---|---|
| Birra | 47 |
| Caffè senza zucchero | 5 |
| Tè senza zucchero | 2 |
| Vini secondo i tipi | 60-120 |

| FABBISOGNO NUTRITIVO MEDIO GIORNALIERO PER PERSONE ADULTE | | | | |
|---|---|---|---|---|
| | K. Calorie | Proteine | Lipidi | Glucidi |
| Uomo | 2.900 | 73 gr. | 84 gr. | 463 gr. |
| Donna | 2.120 | 53 gr. | 62 gr. | 337 gr. |

*Un indimenti-cabile fine settimana*

Carlo:    Ciao, Stefano. Non ti ho visto da Mario domenica scorsa, come mai?

Stefano:   Non sono venuto perché sono stato in montagna, in un paesino incantevole, a 1.500 metri di altezza, quasi al confine con la Francia. E' un tipico paesaggio di montagna: le case hanno i tetti molto spioventi e a primavera le finestre si riempiono di fiori variopinti.

Carlo:    E com'è il tempo in questa stagione?

Stefano:   Fa molto freddo. La neve ha già fatto la sua comparsa.

Carlo:    Allora avete sciato. Racconta.

Stefano:   No, in realtà sabato non è stato possibile lasciare l'albergo a causa di un'improvvisa tempesta di neve, perciò siamo rimasti tutto il giorno dentro. Domenica, invece, abbiamo avuto la geniale idea di scendere a valle e di visitare un vecchio castello a sud di Ivrea, situato sulla riva di un pittoresco ruscello.

Carlo:    Che tipo di castello?

Stefano:   Un'antica fortezza medioevale dove ora vive un industriale piemontese.

Carlo:    Come ci siete arrivati?

Stefano:   In macchina, ma è stato un vero disastro. Dopo pochi chilometri di strada ripida la macchina si è fermata per un guasto al motore. Siamo scesi e abbiamo proseguito a piedi per circa 4 chilometri. Poi improvvisamente è venuta giù una pioggia torrenziale e ci siamo rifugiati in un casolare per un'ora circa. Così, alla fine, bagnati e stanchi siamo arrivati al castello.

*Carlo:* L'avete visitato?

*Stefano:* Sì, è molto interessante.

*Carlo:* E poi come siete tornati indietro?

*Stefano:* Abbiamo chiamato un taxi e siamo arrivati in albergo in tempo per fare le valigie e tornare a casa.

*Carlo:* Molto divertente davvero!

*Stefano:* Sì, un'esperienza indimenticabile!

# Verifica

*Segnate con una X se le seguenti frasi sono vere, false o non date.*

|  | VERO | FALSO | NON DATO |
|---|---|---|---|
| 1) Mario ha dato una festa domenica scorsa. | ❏ | ❏ | ❏ |
| 2) Stefano non è andato a casa di Mario. | ❏ | ❏ | ❏ |
| 3) Sabato è piovuto tutto il giorno. | ❏ | ❏ | ❏ |
| 4) Stefano e i suoi amici hanno visitato Ivrea. | ❏ | ❏ | ❏ |
| 5) Hanno lasciato la macchina perché era rotta. | ❏ | ❏ | ❏ |
| 6) Stefano e i suoi amici sono tornati all'albergo alle quattro. | ❏ | ❏ | ❏ |
| 7) Sono tornati in albergo in taxi. | ❏ | ❏ | ❏ |
| 8) Prima di ripartire Stefano e i suoi amici si sono riposati. | ❏ | ❏ | ❏ |

## Ampliamento lessicale

*Espressioni che indicano* **fenomeni atmosferici:**

Neve    -    nevicata    -    nevicare
nevischio

Bufera
tormenta———di neve
tempesta

pioggerellina        - piovigginare
pioggia              - piovere
diluvio
pioggia torrenziale - diluviare
rovescio

nebbia
banchi di nebbia
foschia

temporale
tuono
fulmine

# Uso della lingua

**1** *Per indicare la posizione geografica di una città, un luogo, un edificio ecc. si usano le espressioni:*

a – Al Nord/Sud = nel settentrione, nel meridione
Ad Ovest/Est = nella parte occidentale/orientale

> es.: Milano è al Nord.
> Genova è ad Ovest.

b – A Nord/Sud/Ovest/Est di ......
Nel centro di/del ......

> es.: Il castello è a Sud di Ivrea
> Perugia è nel centro dell'Italia.

c – A Nord-Est/a Nord-Ovest
A Sud/Est/a Sud-Ovest

> es.: Venezia si trova a Nord-Est.

**2** *Per localizzare la posizione topografica di una città, di un luogo ecc., si usano le espressioni:*

in
- collina
- (alta) montagna
- una gola

a
- valle/valle di
- monte/monte di

su
- i monti
- un pendio
- la riva di un fiume
- la riva di un lago
- la riva del mare
- la costa orientale/occidentale/meridionale/settentrionale

> es.: Il rifugio è in alta montagna.
> Bari si trova sulla costa sud-orientale.

## Fonetica

### Opposizioni fonologiche

| | | | | |
|---|---|---|---|---|
| sr [zr]: | sradicato | sregolato | srotolato | sragionare |
| sl [sl]: | slanciato | slegato | slogato | slacciare |

| | | | | | |
|---|---|---|---|---|---|
| sbr [zbr]: | sbranare | sbriciolare | sbrigare | sbrinare | sbrogliare |
| spr [spr]: | sprangare | spremere | sprecare | sprizzare | spronare |

| | | | | |
|---|---|---|---|---|
| sdr [zdr]: | sdraio | sdrucciolare | sdraiarsi | sdrucito |
| str [str]: | strano | struggere | strappare | strusciato |

| | | | |
|---|---|---|---|
| sgr [zgr]: | sgrido | sgretolato | sgranare |
| scr [skr]: | scritto | scremato | scrutare |

## Attività comunicative

**1** *Formate mini-dialoghi.*

P    es.: A:  Arrivare/tuoi amici/domani.
       B:  Questa mattina.

       A:  Arrivano domani i tuoi amici?
       B:  No, sono arrivati questa mattina.

1 – A: Uscire/Maria/questa sera.
    B: Ieri sera.
2 – A: Andare (tu)/Milano/domani
    B: Scorsa settimana.
3 – A: Rimanere/tuo cugino/oggi
    B: L'altro ieri.
3 – A: Stare (noi)/questo pomeriggio/da Clara
    B: Due giorni fa.
5 – A: Partire/Giovanna/domani
    B: Ieri.
6 – A: Venire (io)/Firenze/domenica
    B: L'altra domenica.
7 – A: Tornare/i Rossi/questo mese
    B: Mese scorso.
8 – A: Andare/Roberto/università/sabato
    B: Venerdì scorso.

**2** *Guardate le figure e raccontate al vostro compagno cosa ha fatto Luigi ieri.*

P

6.30

es.: Ieri Luigi si è alzato alle 6.30

7.30

8.00

8.30

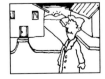

17.30

20.15

21.00

22.00

23.00

**3**

P

*Formulate risposte libere in maniera logica.*

es.: A: Vai a comprare il giornale?
    B: No, l'ho comprato questa mattina.

1) A: Scendete in paese ora?
2) A: Vai a pranzo da Carlo oggi?
3) A: Scrivi a Maria?
4) A: Andate a studiare da Gino questo pomeriggio?
5) A: Esci con noi questa sera?
6) A: Rimanete in città questo fine settimana?
7) A: Vai a Milano domani?
8) A: Compri tu la rivista questo mese?

**4**

P

*Guardate la cartina e chiedete al compagno dove si trovano le seguenti località.*

es.: A: Lago di Bracciano
    B: Roma

    A: Dove si trova il Lago di Bracciano?
    B: A Nord di Roma.

1) A: Assisi
   B: Perugia
2) A: Novara
   B: Milano
3) A: Sorrento
   B: Napoli
4) A: Ascoli Piceno
   B: Teramo
5) A: Trapani
   B: Palermo
6) A: Milano
   B: Bologna
7) A: Isola di Capri
   B: Napoli
8) A: Lago di Como
   B: Milano

**5** *Guardate la posizione geografica dei luoghi e completate le frasi.*

S

es.: Bologna è una città dell'Italia centrale, Napoli invece si trova
nell'Italia meridionale.

1) Bolzano è nell'estrema parte settentrionale, Reggio Calabria invece...
2) Genova è situata sulla costa occidentale, Venezia invece...
3) Trapani è una città situata nella Sicilia occidentale, Messina invece...
4) Perugia è nel centro, Verona invece...
5) Il Lago di Como è a Nord di Milano, il Lago di Bracciano invece....
6) Napoli si trova sulla costa occidentale, Bari invece...
7) Cagliari è nella parte meridionale della Sardegna, Alghero invece...
8) La Spezia si affaccia sul Mar tirreno, Ancona invece...

**6** *Unite le frasi della colonna A con quelle della colonna B in maniera logica.*

S

| A | | B |
|---|---|---|
| 1) Ieri ho avuto la febbre. | a | – così sono arrivati in tempo alla stazione. |
| 2) Domenica è piovuto tutto il giorno. | b | – perché ama l'aria pura. |
| 3) Hanno preso un taxi. | c | – ma sono andato al lavoro ugualmente. |
| 4) Non possiamo venire a casa vostra. | d | – ma non sono difficili. |
| 5) Siedi sulla poltrona. | e | – così non si stanca. |
| 6) Mara va sempre in montagna. | f | – a causa del cattivo tempo. |
| 7) Gli esercizi sono lunghi. | g | – perciò sono rimasto a casa a studiare. |
| 8) Mia madre usa gli elettrodomestici. | h | – io invece prendo la sedia. |

**7** *Completate questo dialogo tra Giulio e Franco.*

P

*Franco:* Ciao, Giulio. Non ti ho visto per tanto tempo. Dove sei stato?
*Giulio:* ..........................................................
*Franco:* E quanto tempo sei rimasto lì?
*Giulio:* ..........................................................
*Franco:* Uhm, una bella vacanza! Cosa hai fatto di bello?
*Giulio:* ..........................................................
*Franco:* Sei partito da solo o con una comitiva?
*Giulio:* ..........................................................
*Franco:* Allora vi siete divertiti, vero?
*Giulio:* ..........................................................
*Franco:* Io invece sono andato in montagna.
*Giulio:* ..........................................................
*Franco:* Il mese scorso, con Paolo e Stefano. Siamo rimasti due settimane.
*Giulio:* ..........................................................
*Franco:* Abbiamo sciato, fatto escursioni e spesso siamo andati in discoteca.
*Giulio:* ..........................................................
*Franco:* Certo, se vieni ti diverti anche tu. E' una compagnia piacevole.

**8**

L

*Leggete attentamente il brano e scrivete accanto a ciascuna data cosa ha fatto Davide Benni.*

Davide Benni è nato a Siena nel 1951; all'età di 12 anni è andato a vivere coi nonni nella città di Pisa, dove ha terminato gli studi nel 1970. A 20 anni si è ammalato gravemente e dopo molte cure è riuscito a guarire. Ha frequentato un corso di recitazione e nel 1973 ha conseguito il diploma. L'anno dopo è partito per l'America dove ha incontrato il direttore di una importante casa cinematografica che lo ha ingaggiato per un film di spionaggio. E' vissuto in America per circa 10 anni lavorando con molto impegno. All'età di 30 anni è stato a Hollywood dove ha lavorato in film importanti, ma non è riuscito a vincere il premio Oscar. Nel 1983 si è sposato con una cantante di jazz e dopo un anno sono ripartiti per la vecchia Europa; qui si sono rifugiati in una bella villa sulla Costa Azzurra dove vivono lontano dal caos delle grandi metropoli.

| anno | età | |
|------|-----|---|
| 1951 | 0 | Nato a ................................................................................. |
| 1963 | 12 | ................................................................................. |
| 1970 | 19 | ................................................................................. |
| 1971 | 20 | ................................................................................. |
| 1973 | 22 | ................................................................................. |
| 1974 | 23 | ................................................................................. |
| 1981 | 30 | ................................................................................. |
| 1983 | 32 | ................................................................................. |
| 1984 | 33 | ................................................................................. |

**9**

A

*Ascoltate attentamente la conversazione tra Sara e Antonio e riempite la tabella.*

| | città | posiz. geogr. | monumenti | impressione | tempo atm. |
|---|-------|---------------|-----------|-------------|------------|
| Sara | | | | | |
| Antonio | | | | | |

**10**

L

*Scegliete tra le seguenti località turistiche quelle più adatte alle tre situazioni e motivate la scelta.*

---

**A**

### BRENZONE

Stazione di soggiorno formata da varie frazioni, situate in parte sul lago in parte alle pendici del Monte Baldo, si estende lungo un notevole tratto della Riviera degli Ulivi, a Sud di Malcesine, ove il lago è ancora stretto e profondo. Non lontano dalla riva si ammirano due graziose isolette e la costa è tutto un susseguirsi di porticcioli turistici, spiagge ed impianti sportivi e scuole qualificate di sport acquatici. I ristoranti tipici, le taverne, le discoteche ed i negozi d'ogni genere assicurano svaghi e servizi utili; un entroterra tutto panoramico consente escursioni in collina tra gli ulivi, in montagna fino ai rifugi alpini.

---

**B**

# SPOLETO

Antica e superba cittadina, definita prima di Cristo «Città splendidissima». Famoso il Duomo del XII sec. con gli affreschi del Lippi e del Pinturicchio. E' sede del celebre «Festival dei 2 Mondi» che trasforma Spoleto nel grande palco-scenico del mondo artistico.

**C**

### DUE PERLE NEL MARE DELLA TOSCANA

**TALAMONE**: Sorge su un promontorio a ridosso dei Monti dell'Uccellina. Ricca è la sua storia: dagli Etruschi ai Romani, dal pirata Barbarossa all'impresa dei Mille. E' zona famosa per parchi naturali e oasi faunistiche protette.
**PORTO S. STEFANO**: Pittoresco centro marinaro del XV secolo. Svolge intensa attività commerciale e turistica. Attraverso itinerari suggestivi si possono ammirare i panorami stupendi della costa immersa nel limpido mare da cui sorge il rigoglioso arcipelago toscano.

---

1 – [ ]

2 – [ ]

3 – [ ]

1 – Quattro amici toscani decidono di trascorrere un giorno fuori città, nel verde e sulla costa.

2 – Due giovani cercano un luogo adatto per fare sport d'acqua.

3 – Una coppia di turisti americani vogliono visitare una città artisticamente interessante e partecipare a qualche avvenimento internazionale.

**11**

S

*Guardate la cartina e scrivete a quali regioni appartengono le località descritte.*

## LOCALITÀ MINORI

Perchè in Italia non ci sono solo grandi e famose città,
ma anche tante, piccole gemme da scoprire.

**DERUTA**

per la sua produzione di ceramiche pregiate conosciute in tutto il mondo, a pochi chilometri da Perugia ed Assisi, situata su un poggio che domina la Valle del Tevere.

**AMALFI**

per la sua posizione raccolta fra mare e monti che la rendono uno dei più suggestivi della costa tirrenica, per la cucina tipica napoletana dalla mozzarella ai dolci accompagnati dal pregiato vino "Divina Costiera".

**PADULA**

per la famosa Certosa di S. Lorenzo, uno dei più grandiosi monumenti dell'Italia meridionale iniziata nel 300 ma di stile Barocco in quanto completata appena nel 1'800.

**GUBBIO**

per il genuino aspetto medioevale ed i nobili monumenti che fanno di questa città una tra le più caratteristiche dell'Umbria. Per la famosa "Corsa dei Ceri" (S. Ubaldo) che coinvolge l'intera cittadina.

**MONTECATINI**

per le rinomate Terme ospitate in un ampio parco fiorito e per la bella posizione geografica, immersa nelle verdi colline toscane a pochi chilometri da Lucca e da Firenze.

**POGGIBONSI**

per la sua posizione invidiabile, a pochi passi da San Giminiano famosa per le sue torri, vicino a Volterra ed a centri d'arte, di storia e cultura come Firenze e Siena.

**ACIREALE**

per la rappresentazione teatrale dei "Pupi", per il presepe settecentesco costruito ogni Natale in una grotta lavica. Immersa nella "Riviera dei limoni" a picco sul mare e sormontata dall'Etna.

**TAORMINA**

per la sua vista panoramica fra le più famose, che permette di spaziare con lo sguardo fino alle lontane coste della Calabria. Centro ellenistico di inestimabile valore, adagiata su un breve terrazzo della costa orientale siciliana con lo sfondo dell'Etna.

1) Padula
2) Poggibonsi
3) Deruta
4) Taormina
5) Montecatini
6) Amalfi
7) Acireale
8) Gubbio

Campania: ............................................

Toscana: ............................................

Sicilia: ............................................

Umbria: ............................................

## In questa unità avete imparato a:

– Raccontare eventi del passato.
– *Non è stato possibile lasciare l'albergo.*
– *La macchina si è fermata per un guasto al motore.*

– Descrivere luoghi.
– *E' un'antica fortezza situata sulle rive di un pittoresco ruscello.*

– Chiedere e dare informazioni sulla posizione goegrafica di un luogo.
– *Un vecchio castello a Sud di Ivrea.*
– *E' un paesino quasi al confine con la Francia*

– Chiedere e dare informazioni sulla posizione topografica di un luogo.
– *Dove si trova esattamente?*
– *A 1.500 m di altezza.*
– *Siamo scesi a valle.*

– Descrivere il tempo atmosferico.
– *Fa molto caldo.*
– *Ci sono improvvisi temporali.*
– *E' venuta giù una pioggia torrenziale.*

## Scheda culturale

### Italia: Paesaggi e Città d'Arte.

L'immagine 'Italia' è conosciuta nel mondo come sinonimo di Giardino d'Europa e culla della civiltà per l'insieme delle sue bellezze artistiche e paesaggistiche. Infatti in ogni regione la storia è segnata dalla presenza di imponenti torri, maestosi palazzi e pregevoli fontane. A causa della sua

estensione in latitudine l'Italia ha avuto influenze storiche e artistiche diverse nelle sue aree maggiori: Nord, Centro e Sud. La sua cultura artistica e le sue tradizioni di costume risultano perciò varie. A Sud, per esempio, prevale la cultura mediterranea con influenza Greco-orientale (Paestum, Siracusa); a Nord le città si sono sviluppate soprattutto nel medioevo e presentano la struttura tipica del borgo medievale e rinascimentale (Verona, Pavia, Mantova). Inoltre, alcune città che si affacciano sul mare Adriatico o sono non lontane da esso, sono famose per i loro capolavori di Arte Bizantina, di influenza orientale (Ravenna, Venezia).

Ma non meno interessante è la varietà dei paesaggi che si alternano da Nord a Sud e da Est ad Ovest. Alle Alpi innevate si contrappongono le lunghe spiagge sabbiose o gli scogli aguzzi della penisola Sorrentina (Amalfi, Sorrento), mentre gli Appennini coi suoi folti boschi e le sue cime arrotondate degradano verso valli rigogliose e tavolieri assolati (Il Tavoliere delle Puglie).

Finito di stampare
nel mese di gennaio 1997
da Guerra guru s.r.l. - Perugia